JN224575

会社に
行けなくなった私が
一人で1000万円
稼げた

おこもり起業

はまもとゆう
Hamamoto Yu

青春出版社

はじめに　働き方を変えたいと思っているあなたへ

はじめまして。自宅や好きな場所で働く「おこもり起業」のしかたをお伝えしている、はまもとゆうと申します。本書を手に取っていただき、ありがとうございます。

「おこもり起業」って何だろう？　家に引きこもって起業する？　なんだか暗いイメージの仕事でしょうか？　いいえ、ただ引きこもって仕事することではありません。

満員電車が苦手、大勢の人に囲まれて働くのが苦手、人間関係が苦痛……。これらの悩みをすべて解決できるんです。

それだけではなく、自分の心と身体を大切にしながら収入を増やしたり、プライベートも充実させることができます。

あなたが起業に興味をもった理由は、何ですか？

会社員を卒業したい、手に職をつけたい、副業に興味がある、自由なライフスタイルを手に入れたい、子どもの近くで働きたい……、きっとさまざまなきっかけがあるのではと思います。

私が起業をしようと思ったのは、「働き方を変えたい」と考えていたからです。実はもともと夢がなく、大学を卒業した後のビジョンがまったくありませんでした。お金がないと困るので、貯金するために、実家から通える仕事先がいいという理由で会社を選び、会社員として、社会の荒波に漕ぎ出しました。

会社のなかで電話の対応や書類の作成をする日々で、楽しみといえばお昼ごはんと、週末の韓国ドラマ、長期休暇で旅行に行くことでした。多分、それなりに充実した日々を送っていたと思います。

ただ、私の心はどこか満たされませんでした。

それに、どうしても嫌だったことのひとつに、満員電車での通勤があります。満員電車でぎゅうぎゅう詰めになる感覚、充満する香水やタバコ、汗の匂い。ときどき耐えられず、途中下車したこともありました。

また多くの人と関わることに精神的に疲れてしまい、会社で泣き出してしまったこともあります。ストレスから、全身に発疹ができて、病院での採血中に倒れたこともあります。毎日決まった時間に起きて、急いで支度をする、そんな普通のことにも、違和感をいだいていました。

「自分は普通のこともちゃんとできない人間なんだ」。そんなモヤモヤした自己否定の気持ちを抱えながら日々を過ごしていましたが、転機が訪れます。

それは結婚、出産です。

家事や育児をしながら、会社に通う働き方が、どうしても想像できませんでした。育児休暇中ですら、初めての育児に疲れ果て、イライラして夫とよくケンカしていたので、会社への復帰は自分には無理だと感じ、思いきって、フリーランスになろうと決めました。

その当時興味があったヨガインストラクターの資格をとり、ヨガのレッスンを始めてみることにしました。

　レッスンの単価は1人1500円と高くはなく、月収は3万円。子どもの保育園にかかる費用やランチ代で消えていくほどでしたが、好きなことを仕事にできていたので、心は満たされていました。

「レッスンを受けて、身体や気持ちがすっきりしました。ありがとう！」と言われると、本当にやりがいを感じました。

　しかしまた転機が訪れます。夫の転勤による引っ越し、そして新型コロナウイルスの流行です。人脈はゼロになり、感染対策でレッスンもできず、環境の変化からか、うつ状態となり半年ほど日中も身体が動かず、寝てばかりいる日々になりました。

　トイレに行くこともおっくうで、ギリギリまで我慢してやっと行き、水を飲んでまた寝る。そんな生活でした。


　仕事がなくなってしまったので、貯金も減っていき、気がついたら50万円あった貯金は0円になってしまいました。

「このままでは、まずい！　稼がなければ、生きていけない」と焦った私は、オンラインで何かできないかと考えました。

オンラインであれば、直接人と会わないので、感染の心配はないですし、暑い日も寒い日も快適な場所で仕事ができます。

お金がなかったので、無料のＳＮＳを使って、毎日情報発信し、ＬＩＮＥビデオ通話でのレッスンを募集したのです。好きなことを発信しているので、不思議と身体も動くようになり、体調も良くなっていきました。

少しずつレッスンが増え、講師を育成するまでになり、オンラインレッスンを本格的に始めてからわずか1年ほどで、**１年の売上は１０００万円を超えました。**貯金ゼロだった主婦から、会社を設立するまでになったのです。

わずらわしい通勤をしなくてすむ。

人間関係の悩みがなくなる。

家で仕事ができるので、子どもに「おかえり」と言える。

合間に家事ができる。

毎日お昼寝できる。
平日、好きなときに散歩したりランチができる。
好きなときに旅行に行ける。

気がつけば、**自分が思い描いていた理想は、すべて叶っていたのです。**こんな働き方があるなら、もっと早く知りたかったと思いました。
今悩みをもっている人の力になれたら、という思いで、この本を書きました。

私のように、会社員を辞めて起業するのもいいですが、今の仕事を続けながら、副業として起業するのもおすすめです。今の時代、収入の口は多いほうが何かと安心ですから。

「おこもり起業」は、自分に自信がなくても、人脈もお金もなくても、精神的に弱いところがあっても、スマホやパソコン1台さえあれば、誰でもいつからでも自宅や好きな場所で、簡単に「始める」ことができるのです。

今の働き方に悩みがある、もっと自由になりたい！　と少しでも思うなら、あなたにはぴったりの方法かもしれません。

無料で使えるＳＮＳで、あなたのサービス（＝できること）を必要な人にお届けできればいいのです。本書では、その方法をやさしくお伝えします。難しく考える必要はありません。

必要なのは、今よりもっと良くなりたい、という気持ちと、行動です。

本を読み終わるころには、「始めてみよう！」と思えるはずです。**さあ、快適なおこもり起業ライフに向けて、一歩を踏み出してください。**

はまもとゆう

目次

はじめに　働き方を変えたいと思っているあなたへ……3

第1章

さあ「おこもり起業」をしよう
人付き合いが苦手でもメンタルが弱めでも働ける

こんなにある「おこもり起業」のメリット……18
「おこもり夢ノート」のすすめ……23
「好き」「得意」は必ずお金になる……30
弱みこそ最強の武器になる……36
今すでにあるスキルから仕事を作り出す……40
おこもり起業の3つの必要アイテム……45
コラム1　私の必須アイテム「魔法の眼鏡」……49

第2章

「おこもり」だからこそ稼げる

はじめの1万円を稼ぐ方法から売上1000万円達成に必要なことまで

まずはプラス月10万を目指そう……54
1万円を自分の力で稼ぐまでの具体例……58
最初の売上をあげるまでのロードマップ……66
重要！　単価アップの考え方……70
売上1000万円を達成するために大切なこと……75
起業するときの手続きの基本……79
オンラインでも心をひらいてもらう7つの方法……82
コラム2　お金はあとからついてくる……88

第3章

「おこもり」の集客で大切なこと

お客様が途切れない人がやっている方法

SNSは一点集中（1つに絞る）……92
簡単に統一感を作る3大ポイント……95
おこもり自撮りのテクニック……98
おこもりライブ配信でファン作り……102
集客をしなくていい集客……105
成約率を2割から5割に変えるクロージング……108
おこもり起業は何歳からでも始められる……113
起業サポートを受けた人の感想……115
コラム3 お客様と出会える奇跡を楽しもう……122

第4章

持続可能な「おこもり起業」

仕事もプライベートもうまくいく究極の働き方

おこもり起業で稼ぐ人の朝習慣・夜習慣……126
朝から快適に仕事ができるモチベーション作り……132
7割のエネルギーで仕事をする……135
仕事とプライベートのバランスの取り方……138
家族の理解が得られないときはどうするか……145
最低限の身だしなみで、映える……148
心地よい仕事着 「制服化」のすすめ……152
顔が固まらないための表情筋トレーニング……155

心と身体が軽くなる「おこもりストレッチ」……160
おこもり派もたまには外に飛び出す……164
コラム4 自分を大切にする習慣……167

第5章

「おこもり」のモチベーションアップ

それでもさらにメンタルが弱ったときの乗り越え方

何の気力もわかないときの対処法……172
弱っているときのモチベーションアップ法……175
私がメンタルどん底から復活した話……180
自己肯定感MAX！ 信じるチカラの育て方……184

言葉には人生を変える力がある……188
緊張する仕事のときは見た目を整える……192
コラム5 部屋を綺麗にすると運気アップ……197
おわりに　今からでもあなたの未来は変えられる……200

出版プロデュース
森モーリー鷹博

本文デザイン・図表・イラスト
岡崎理恵

DTP
キャップス

第1章

さあ「おこもり起業」をしよう

人付き合いが苦手でも
メンタルが弱めでも働ける

こんなにある「おこもり起業」のメリット

みなさんは、「おこもり起業」と聞いて、どんなことを想像しますか？　家に引きこもって仕事をしているイメージでしょうか？　暗い、楽しくなさそう、と思いますか？

私は、「おこもり起業」は最高の働き方だと確信しています。楽しくてしかたありません！　**これ以上に効率的で、快適な働き方は他にない**と思っています。その理由を、これからお伝えします。

私は会社員として働いているとき、悩みがありました。まず1つめは、電車での通勤です。駅のホームに並び、到着した電車に乗ると、どんどん人が増えていきます。朝の時間は座ることはできず、前後左右、知らない人と肌がくっついて、とても不快でした。

私の心は叫んでいました。

「すいている場所に行きたい！」

2つめは、毎日決まった時間に起きて急いで準備をすることです。毎日身体の調子は違うし、身体が強いほうではないので、ときには二度寝したいと思うこともありました。ゆっくり朝ごはんを食べたいなと思っていましたが、遅刻してはいけないので、重たい身体にむちうって起き上がり、朝ごはんを味わわずに口にほうりこみ、急いで身支度して最寄駅へと向かいました。

心の中でこう思っていました。

「朝はゆっくりしたい！」

3つめは、大勢の人に囲まれて1日を過ごさなければならないことです。もともと、大勢のなかにいることが得意ではありませんでした。人と仲良くできない、ということではないのですが、1人の時間がないとストレスを感じてしまうのです。会社では、大勢の他人と一緒に仕事をするので、1人になる時間がありませんでした。

そこで、昼ごはんの時間は、仲良しの同期とごはんを食べる以外は、1人でカフェに行って、ぼーっと過ごしていました。そんな息抜きの時間も、きっちり1時間と決まっているので、あっという間に過ぎていきます。重い足取りで業務に戻っていました。

本心では、「1人の時間がほしい！」と願っていました。

もうおわかりでしょうか？　私の心の叫びを、すべて叶えてくれるのが、「おこもり起業」なんです。

家って、とっても落ち着きませんか？　もし落ち着く場所でないなら、掃除をして部屋を綺麗にしたり、好きなものに囲まれて、あなたが心から落ち着く場所にしてみましょう。そうすれば、家があなたのパワースポットになります。

または、お気に入りのカフェや、旅行先のホテルも、「おこもり」場所にぴったりです。Wi-Fiさえあれば、自分の好きな場所が、すべて「おこもり起業」の舞台になるのです。

考えてみてください。自分が心から落ち着く場所で、仕事をしているあなたの姿を。とても快適な気持ちになりませんか？

朝ごはんは、私たちにとって、とても大切なものです。1日元気に活動するためのエネルギー源になるのです。時間がないから食べない、という人や、コーヒーとパンだけ、という人もいるかもしれません。ですが、空腹の胃の中に何を入れるかはとっても重要です。ずっと健康で楽しく人生を過ごしたいと思うのであれば、朝ごはんの質は考えたほうがいいでしょう。

家で仕事をするようになってからは、通勤時間が削減できたので、朝ごはんをゆっくり食べることができるようになりました。毎朝、今日は何を食べようかなと考える時間も幸せだし、将来の健康につながっていると考えています。

「おこもり起業」では、大勢の人に囲まれることなく仕事ができるので、人間関係のストレスも激減します。苦手だなと思う人とは、取引をしなければいいし、疲れたと思えば、好きなときに休むことができます。

また、直接人と会話するのが苦手でも、ビデオ通話であれば大丈夫という人もいます。私はクライアントとの時間以外は、基本的に1人で仕事をしています。よく「忙しそうですよね」と言われたりもしますが、仕事量も自分でコントロールするので、意外にゆっくりできています。

「おこもり起業」には、こんなメリットがあります。

- 昼寝タイム、散歩タイムを作れて健康的に過ごせる。
- 好きな時間にお茶やランチができる。
- 二度寝できる。
- 時間に追われず、焦らずに家事ができて家が綺麗になる。
- 休みの日を自由に決めて、長期旅行でリフレッシュできる。
- 平日お店が空いているときに用事を済ませることができる。
- 人間関係の悩みが少なくなる。
- 満員電車に乗らなくても、自宅やカフェ、旅先など好きな場所が職場になる。
- 勤務時間が自由なのでプライベートも充実。
- 子どもの帰宅時間に家にいることができる。
- 服装が自由になる。

・努力次第で売上があがりやすい。

こんなことがすべて叶ったら、いいなあと思いませんか？　1つでも叶えたいというものがあれば、「おこもり起業」にチャレンジする素質があります。

「おこもり夢ノート」のすすめ

おこもり起業のメリットをお伝えしてきましたが、何よりも大切なのは、おこもり起業を成功させたい理由です。

・自由な時間がほしい。
・嫌なことから逃れたい。
・お金を稼ぎたい。

さまざまな理由がありますよね。自分が本当は何を求めているのか、明確にできていると、おこもり起業はうまくいきます。

逆に、成功させたい理由がはっきりしていないと、何のために頑張っているのかわからなくなり、途中であきらめてしまったり、どれだけ結果を出しても満足感を得られないかもしれません。

あなたの人生の目的は、何だと思いますか？　答えは、あなた自身がもっています。

私は、**人生の目的は「幸せになること」**だと思います。

そんな甘いもんじゃない？　そう、人生は時に思いがけない苦痛を伴うものかもしれません。幸せばかりではいられないかもしれません。しかしきっと誰もが、「幸せになりたい」と思うのではないでしょうか。そう思ってもいいのではないでしょうか。

そして、そう願った人が、幸せになれる人だと思います。

私の人生、こんなもんだ。これくらいでいい。どうせ、でも、だって。そのように考えている人が、幸せになれるでしょうか？

大事なのは、「自分は幸せになっていい」と自分に許可してあげることです。

幸せになる許可ができたら、次にどうすれば自分は幸せになれるのかを具体的に想像してみてください。たとえば、「好きなときに、好きな場所へ行ける時間やお金がある」なら、好きな場所はどこなのか、時間とはどのくらいか、お金は何円なのか。思考を明確にするために、書き出してみましょう。

私の場合、「おこもり夢ノート」といって、自分の叶えたいことを書き留めておくノートがあります。そこには、自分のありとあらゆる願望が書いてあって、見返すと笑えてしまうのですが、不思議とすべて叶っているか、これから叶うと思えるものばかりです。

私は、普段パソコンやスマホのメモ機能も使用していますが、本当に大切なことは紙に書いておきたいというアナログなこだわりがあります。機械にメモしたものよりも、紙に書いたもののほうが、手で書いて、目で見た記憶が残っているんです。だから、1日のやることリストもメモ用紙に書くと仕事がはかどることがよくあります。あなたは、どちらが記憶に残りますか?

おこもり夢ノートを作る理由は、ついだらだらしてしまう自分を、コントロールするためでもあります。おこもり仕事をしていると、仕事の目標やスケジュールなど、すべて自分で決めますよね。誰かからお尻をたたかれることもないし、怒られることもないし、快適なのですが、自分でしっかり自分を律することができないと、だらだらしてさぼってしまうこともあります。

欲に流されて、だらだらすることを続けてしまえば、成功はしませんよね。そこで、おこもり夢ノートに、こうなりたいという具体的な目標を書くのです。1年後に達成している売上や、挑戦してみたい仕事内容、プライベートで行きたい場所や、買いたいものなど、仕事を頑張れば叶えられるようなことを書くのです。

モチベーションがあがらない、ついだらだらしてしまう、そんなときにノートを見返せば、心の底からやる気が湧いてくるはずです！

ここではおこもり夢ノートの書き方を紹介しますので、だまされたと思ってぜひ書いてみてくださいね。

成功者の特徴のひとつに、「素直さ」があります。子どもだましだと思ってはじめから行動しない人と、「そうなんだ、やってみよう」とすぐに行動する人、どちらが成功するでしょうか？

答えはきっとあなたの想像通りです。

おこもり夢ノートとしてどんなノートを選べばいいか。それは、あなたの「好きなノート」です。ただし他のことは書かずに、専用にしてください。かわいい、おしゃれ、かっこいい、手に取ってみると気分があがる、そんなノートを見つけてくださいね。

はじめに、①今日の日付、②叶えたいことを書きます。このとき、こんなことは叶えられないだろうな、とは思わずに、書いていてワクワクする、見返すと幸せな気持ちになるようにしてみましょう。
できるだけ具体的な内容がいいです。仕事であれば、仕事がうまくいくではなく、売上の数字や、挑戦してみたい○○のチャンスが来るなど。欲しいものであれば、ブランドバッグではなく、シャネルのチェーンバッグなど。今の自分から、ありえないと思う内容ではなくて、すごく頑張ったら叶うと思える範囲にするのがポイントです。

そして、書いた内容を見ながら、もう叶ったような想像をしてみましょう。リアルに想像ができたら、心のなかで「ありがとう」と唱えます。

書き終わったノートは、毎日見返す必要はなく、月に一度、半年に一度、一年に一度、好きなタイミングで見返してみてください。叶っているものがあったら、マルでかこったり「叶った」と書いていきます。きっと、面白いくらいに叶っているはずです。
以前に書いていたけど、もうワクワクしないなと思う内容については、線を引いて消してもかまいません。

＼書きこんでみましょう／

おこもり夢ノート　　　年　　月　　日

人生の目的 ㊉ 幸せに生きること

………………………………………………

日々大切にしたいこと ㊉ 健康、愛、感謝

………………………………………………

叶えたいこと ㊉ 旅行に行く、資格を取る、お金を稼ぐ

-
-
-
-

………………………………………………

目標　叶ったらチェック

具体的な内容	達成予定日	達成日
☑ ハワイに行く	○○年○月	
□ 月の売上10万円	△△年△月	
□		
□		
□		

このおこもり夢ノートは長く続けると、過去に願ったことがたくさん叶っている、エネルギーのあふれるノートになります。見返すだけで、「自分はこんなに願いごとを叶えてきた！　私はすごい！」と自己肯定感も高まるのです。

叶えたいことを「書くだけ」のおこもり夢ノート、試してみてくださいね。

自分の人生の目的を明確化することこそ、充実した日々を過ごすためのヒントです。おこもり夢ノートに書いた内容のなかに、おこもり起業を成功させることで叶えられるものや得られるものがいくつもあると、絶対に叶えたい！　と、おこもり起業を成功させるエンジンになります。おこもり夢ノートをときどき、作業するパソコンの横に置いておくのもモチベーションアップにつながるのでいいですね。

「好き」「得意」は必ずお金になる

「好きなだけ」では趣味に留まりますが、「好き」をとことん突き詰めていくと、仕事になります。

たとえば、美味しいごはんは好きだけど、毎日忙しいので、ささっと作れて美味しいごはんをＳＮＳでアップしているうちにファンが増え、料理教室を開催することができたり、レシピ本を出版することになったりした人がいます。

写真を撮るのが趣味で、毎日のように写真を撮ってソフトを使って本格的に編集して、その写真をＳＮＳにアップしていたら、「こんな写真を撮ってほしいのだけど、お願いできる？」と友人から依頼を受け、はじめは無料で撮っていたけれど、申し訳ないからとお金をいただけるようになったりした人もいます。

絵を描くのが好きで、たくさんの絵を描いてときどき展示会などに出展していたら、知人から絵を描いてみたいから教えてほしい、と言われて絵画教室を始めた人もいます。

他にも、パソコンや家電製品に詳しい人は、少し難しい操作や簡単な修理などをすることができますよね。資格をもっていないから、仕事にできないということではなくて、資格はなくても、ちょっとだけ人よりも好き、得意、ということをどんどん伸ばしていけば、それが仕事になってしまうのです。

自分には特に好きなこと、得意なことはないと思う人は、幼い頃からの自分を思い返してみてください。何が好きだったのか、今までどんな経験をしてきたのか、何ができるのか。思ったよりもたくさんあるはずです。日本語には謙虚という美しい言葉がありますが、自分を過小評価する必要はありません。

好きなこと、得意なこと（その仕事の例）を具体的にお伝えします。

- 音楽が好き（ミュージシャン、音楽プロデューサー）
- スポーツが好き（実況中継）
- 料理が好き（料理研究家）
- 掃除や洗濯ができる（家事代行）
- 子どもと遊ぶのが好き（ベビーシッター）

●文章を読んだり書くのが好き（ライター、ブロガー、作家）
●写真を撮るのが好き（カメラマン）
●美味しいお店を探すのが好き（インフルエンサー）
●ゲームが好き（ゲーム実況中継、インフルエンサー）
●動画の編集ができる（動画作成、ユーチューバー）
●デザインが好き（WEBデザイナー）
●誰かをサポートするのが好き（オンライン秘書）
●何かを紹介するのが好き（アフィリエイト）
●単純作業が得意（データ入力）
●動物が好き（ペットの世話）
●英語が得意（翻訳、英会話講師）
●専門的な知識がある（レッスン、コーチング）

私の場合は、幼い頃から本を読んだり勉強することが好きで、バレエやダンスをしていたことから人の身体や容姿について考えることが好きでした。長い時間をついやしてきた分、人よりも知識が多いことに気づき、その知識をお伝えするととても喜ばれたのです。

こんなふうに、好きなことにたくさんの時間をついやしていたら、人より得意になり、「教えてほしい」と言われるようになります。そして**教えてあげることで、ありがとう、とお礼としてお金をいただけるようになるのです。**

人の役に立つことで、嬉しい気持ちになり、もっと知識を深めようとしてさらに得意になっていく、そんな循環になると仕事としてもさらにうまくいきます。


あなたの好きなこと、得意なことは何ですか？

難しく考えなくても大丈夫です。あれ、こんなことでいいの？　ということが、他人にとってはとても役に立つこともあるのです。

後ほどお伝えしますが、**好きなことや得意なことを発信することも大切です。**

他人はあなたがどんなことが好きで、得意なのか、黙っていたら気づきませんよね。今はSNSで簡単に発信ができるので、自分はこんなことができる、こんなことが好き、とどんどん発信していきましょう。

「好き」「得意」は必ずお金になる フローチャート

好きなこと、得意なことを書き出す

㊀例
絵を描くのが好き
イラストを描くのが得意

↓

喜ばれそうなこと、役に立つことを考える・ヒアリング

例
似顔絵をアイコンにしたい
お店のメニューをイラストにしたい

↓

サービスを組み立てる

例
似顔絵　1枚5,000円
メニュー作成　1万円

↓

SNSで発信する チラシ・広告 知人へ声をかける

例
SNSで似顔絵やイラストを掲載
知人にモニターを依頼

↓

サービスの実施

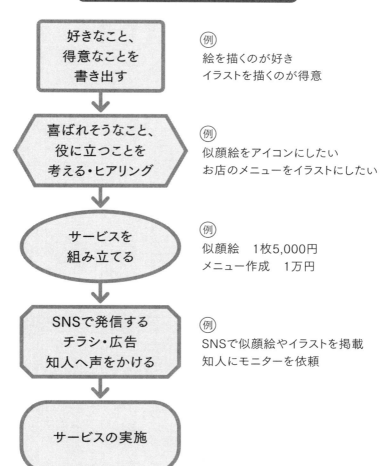

弱みこそ最強の武器になる

悩み、コンプレックス、失敗など、人には誰でも弱いところがあるものです。弱いところは他人に見せたくない、もっと自分をよく見せたい、よく思われたい、と思うこともあるでしょう。

しかし、この弱みをバネに変化するストーリーこそ、人の心を動かす魅力があるのです。

たとえば昔から太っていて、体型のことをからかわれたりして傷つき、ずっとコンプレックスを感じていた人が、健康的な食事や運動法で、毎日努力をして少しずつ結果を出したとしたら、それはその人だけの成功体験となります。

自分が結果を出した方法をもとに、ダイエットする方法を伝える仕事をしたり、本を出版する人もいます。

昔からスタイル抜群で、一度も太ったことがない人のダイエット方法は売れません。なぜなら、共感されないからです。何を食べても太らない痩せ体質の人よりも、太りやすいけど努力して痩せた、スタイルを維持している、そんな人のほうが共感されるのです。

勉強が苦手で、偏差値の低かった人が東京大学に合格した、そんな本もありますよね。すごい！　どうやって勉強したの？　どうやって偏差値を上げたの？　東京大学を目指す人にとっては、とても気になることだと思いますし、希望にもなりますね。

私の場合、昔から容姿にコンプレックスがありました。もっと目が大きくて、もっと鼻が高くて、もっと綺麗な口元だったら、と何度も鏡を見ては仕方ないとあきらめていましたが、あるとき「もっと自分に自信をもって生きていきたい」と一念発起し、セルフケアを頑張ったことで、以前より自信をもてるようになり、その変化に共感した人たちが、レッスンを受けてくれるようになったのです。

もし、私が何のコンプレックスもない完全無欠な美人だったら、きっと共感は得られなかったでしょう。私は自分のコンプレックスに感謝しています。コンプレックスがなかったら、セルフケアをすることもなく、今出会えている人にも出会えていないかもしれないのですから。

また、セルフケアを継続することで、継続できていることへの自信や、もともともって生まれた容姿にも感謝するようになり、不満を感じていた自分から、満足している自分に変わりました。

心の変化も、私にとっては大きいですし、レッスンを受けてくれる人にも自分の容姿や自分の存在そのものに満足し、まるっと愛せるようになってほしいと思います。

もともと得意なことは、尊敬されてもなかなか共感はされません。弱いところだからこそ、「わかるわかる」と思っていただけるのです。なかには、弱みを指摘したり、ばかにする人もいるかもしれません（そんな人とはお付き合いしなくていいと思いますが）。

もし、弱みを指摘されたことが自分でもずっと気になっている、どうにかしたい、そう思うのであれば、「克服したい！　変わりたい！」と思えるものを見つけてみてください。

無理やりにではなく、心からそう感じることが大切です。どんな自分になりたいのか、イメージしてみると簡単です。

最強のサクセスストーリーを作れる弱みとは、自分が「どうしても変わりたい！」と強く願うほどのコンプレックス。べつにいいや、と思える程度のものではありません。人に言うのも恥ずかしい、と思うほどのものだったりします。

なので、**今コンプレックスがある人は、ラッキーです！** このコンプレックスを克服することができれば、それがビジネスチャンスになるのですから。

結果が出ていなくてもいいのです。努力する過程を見せることで、共感や応援が得られます。

インスタグラムなどで「100日後に英語を話せるようになる」「100日後にダイエットに成功する」といったアカウントがありますが、これは努力の過程を発信してフォロワーを増やしているのです。

強いコンプレックスや弱みとは、共感されるものであり、努力して克服していく過程を見せていくことで、応援され、結果がでることで、私にもできるかもしれないと希望を与えられるものなのです。

芸能人や有名人ではなく、一般人の私ができた！　だから、あなたにもできますよ、と言って希望を手渡すことができるのです。

また、弱みを強みととらえ、克服しようと努力していくことで人間的に成長することもできます。コンプレックスは放置せず、変えてみる。そこにあなただけのサクセスストーリーのタネがあります。

そう考えると、悩んでいることが楽しいものに思えてきませんか？　コンプレックスがあれば、ラッキー！　チャンスなんです。

今すでにあるスキルから仕事を作り出す

起業したいと相談されるときに、資格がない、資格が少ないから自信がない、と言われることがあります。資格を取ってから始めます、と言う人もいます。

はっきりお伝えします。はじめから資格は必要ありません！　もちろん、なかには資格が必要な仕事もあります。ですが、今は主婦、パート、会社員をしている人が、副業的に始めてみたい場合、資格は必要ないことが多いです。

資格を取得する前に、自分が今できることを書き出してみましょう。**生まれてから今まで、自分が経験してきたことや、力をいれてきたこと、特に努力していないけれど、人からすごいと言われること。今すでにある「スキル」は何ですか？**

たとえば私なら、3歳からバレエや、新体操、ダンス、ヨガなど、身体全体を使って美を表現したり、健康的に身体や心を整えるということをしてきました。人の身体を見たときに、いい姿勢なのか悪い姿勢なのかがすぐにわかり、どこをどうしたら、もっといい姿勢になるのかがわかります。

そこで、美容や健康を維持向上したい人に向けて、セルフケアを教えることを起業のきっかけにしたのです。はじめはヨガインストラクターになろうと思い、スクールに通っていましたが、今はヨガの仕事はしておらず、セルフケアをオンラインでお伝えしています。

学生時代に学んでいたことや、好きなことのなかにも、ヒントがあります。

できれば毎日、数年間取り組んでいたことがあると、きっとノウハウとして定着していると思います。

学生時代にデザインを学んでいたら、名刺デザインやブログのバナーデザイン、チラシのデザインなどで、必要な人のお手伝いができます。

ハンドメイドアクセサリーが好きなら、マルシェに出店したりネットショップを立ち上げて、自分が作ったアクセサリーを販売することができます。

本を読むことや文章を書くことが好きなら、ライターやブロガーとして記事を書くこともできます。

今の仕事でしていることも、ノウハウのひとつになります。たとえば本業でウェブ制作をしているのであれば、ウェブ制作を即戦力として起業することができます。

金融系の仕事をしているのであれば、投資や、お金の知識をブログやYouTubeなどで発信することができます（本業のほうの規則にしたがう必要はありますが）。

今あるノウハウのなかで、これは仕事になりそう、と思うものがあれば、そこに次の考え方を加えてみましょう。

●ニーズはあるか
●ターゲットは誰か

ニーズというのは、誰かが「困っていること、欲しているること」です。困っていることを解決できるから、仕事になります。欲していることを目の前に差し出せるから、お金がもらえます。

ニーズがないところにサービスを提供しても、買ってもらえない状況になります。ニーズがありそうかを考えましょう。

ニーズを探るには、周囲の人に聞いてみるのもいいかもしれません。

自分はこういうことができるので、こんな仕事をしてみようと思うのだけど、興味ある？　または興味がある人は周りにいる？

数人ではわからないので、家族、友人、仕事仲間、地域のコミュニティなどで10人〜30人に聞けるといいですね。

ターゲットとは、自分のサービスを届けたい人のことです。自分ができることで助けられる、満足してもらえる人とはどんな人だろう、と考えるのです。

もしそんな人はまったくいないなと思うのであれば、ノウハウがあったとしても仕事にはなりませんよね。具体的にどんな人か想像してみましょう。

自分がもっているノウハウと、ニーズ、ターゲットが明確になってきたら、ターゲットに響くような言葉を使って、自分ができることを発信してみましょう。

おこもり起業の3つの必要アイテム

おこもり起業に必要なアイテムを紹介します。
はじめに用意してほしいのは、この3つ！　なんだと思いますか？

1つめは、手帳（ノート）です。えっ、と思う人もいるかもしれません。ですが、手帳はビジネスやプライベートがうまくいくための計画書のようなものですから、本当に大事なんです。私は起業してから手帳を活用しているのですが、あるとき起業の先輩からとても使いやすい手帳をいただいて以来、ずっと同じメーカーのものを使っています。
コクヨ株式会社のジブン手帳です。１日のマスが広く、罫線もついていて、細かく予定を書きやすいのです。

手帳の上手な選び方は、まずサイズが小さすぎないこと。自分の手のひらよりも大きいサイズのものがおすすめです。私の仕事仲間は、A4サイズの大きなものを使っています。サイズが小さいと、予定を書くときに小さい文字で書かなくてはならなくなり、不便さを感じるからです。

そして、1年を通して飽きないデザインであること。そのときのフィーリングで選んでもいいのですが、毎日使うものなので途中でデザインに飽きてしまい、2冊め、3冊めを買ってしまったことが過去に何度もあります。

今は、ベーシックなデザイン、カラーのなかからこの1年を通して大切にできそうなものを選んでいるので、ずっと飽きることなく、次の年も同じカラーを選ぶこともあります。長く大切に使えるものを選ぶことって地球にも優しくていいですよね。

2つめは、スマートフォン。現代の生活には欠かせないインフラのようなアイテムになっていますが、おこもり起業でもかなり重要なアイテムです。

SNSを使ってサービスを展開したり集客をしたり、メールでクライアントとやりとりをしたりします。私は起業したとき、簡単なチラシを作成して印刷し、近所でポスティングをしたり、人通りの多いところに出かけて配ったり、掲示板に貼ってもらったりしていたのですが、そこからのお問い合わせは年間でたったの数件。お問い合わせがゼロの月もありました。

名古屋から東京へ引っ越しをして、人脈もゼロになってしまったとき、うつ状態になっていたので、チラシを配るメンタルにはとうていなれず、家に引きこもっていました。そこで私が考えたのが、家のなかにいてもサービスを見つけてもらえる方法はないか、ということで、ＳＮＳを利用して毎日発信をしたのです。

毎日発信ってすごいですね、と言われることもありましたが、写真を撮ることが好きなので、素材はたくさんありました。

最近では、動画の撮影や編集などもスマートフォンのアプリを使って誰でもできるようになっていて、慣れると簡単に作ることができます。ネタになるような動画を、日々スマートフォンを使って撮りためています。いいアイディアを思いついたときには、ささっとメモをすることもできます。

1台でものすごく仕事をしてくれます。SNS用、写真・動画作成用、クライアントとの連絡用に主に使用しています。

3つめは、パソコンです。持ち運びができるノートパソコンがおすすめです。

パソコンでは、資料を作成したり、ブログを書いたり、オンラインミーティングをしたりします。どれもスマートフォンでも可能ですが、パソコンのほうが画面が大きいので快適です。

パソコンは自宅にあっても、自分専用のものがなくて、購入するか迷われる人もいるのですが、スムーズに作業がしたいと思われるなら、先行投資として購入をおすすめします。

ただ、私が使っているマックブックも1台20万円近くしたので、はじめは買えず、夫のパソコンを借りて、ブログを書いていました。

将来的にしっかり売上をあげていきたい、と思われるのであれば、自分がいつでも自由に使えるパソコンはあったほうがいいと思います。

コラム1

私の必須アイテム「魔法の眼鏡」

おこもり起業をするときに私がよく活用しているのが、眼鏡です。裸眼でも生活に支障はなく、運転の際には眼鏡が必要になるくらいの視力なのですが、かっこつけでかけています。

どういうことかというと、オフモードから「仕事しますよ」モードな自分になるための、魔法の変身アイテムなのです。

たとえば自宅で仕事していると、ついつい洗い物が気になったり、ちょっとここを掃除しようかな、とか、気が散ってしまうんですよね。

ですが集中しないと、仕事が進まないので、そんなときには眼鏡をかけるようにしています。そうすると、「よし、仕事するぞ！」というモードになり、ぐっと集中することができるんです。

眼鏡を選ぶとき、好きな色や形のもの、自分の顔に似合うもの、を考えると思うのですが、どんな自分になりたいかを想像して選ぶのもおすすめです。シルバーのフレームで知的な感じにとか、太めの黒のフレームでおしゃれな感じになど。

私は、ベッコウのような濃いブラウンのフレームを気に入ってかけています。好きな服装にもなじむので、長年のお気に入りです。

これは私の場合ですが、ヒーローだって世界を救うときには変身するじゃないですか。眼鏡をかけて、「かっこいい私」「仕事ができる私」をきどってみると、案外さくさく仕事が進むんです。

眼鏡でなくても、お気に入りを身につけるのもいいですね。

メンタルクリニックの先生は、キラキラの大きなダイヤの指輪をしていました。仕事中も、手元がキラキラしていると気分もあがりますよね。自分の気持ちをぐっとあげて、仕事を楽しくしちゃいましょう！

髪の長い人なら、好きなヘアゴムやクリップでまとめると、集中力があがるという人もいます。他にも、手元にお気に入りのドリンクカップを置いたり、視界に入るものを自分の気持ちが仕事モードになれるものにしてみるのもおすすめです。

あなたの魔法のアイテムは何ですか？

第2章

「おこもり」だからこそ稼げる

はじめの1万円を稼ぐ方法から
売上1000万円達成に必要なことまで

まずはプラス月10万を目指そう

あなたは1カ月でいくら、稼ぎたいですか？　希望する金額は、人によってさまざまだと思います。

おこづかいを稼ぎたいから3万円ほしいな、生活費のために30万円、いやいやせっかくなら100万円を目指したい！　どれも素敵な目標だと思います。

ここではあえて、まず5万円～10万円の売上を目指すことを想定してお伝えします。

その理由は、起業というのはアルバイトや会社員として働くのとは違って、1時間でいくらもらえる、という働き方ではないからです。

どういうことかというと、はじめに無給もしくは思ったよりも安い金額での労働が必要な可能性があります。そのため、売上として結果がでるのが、おこもり起業してから数カ月先になることもあるのです。

もし、今の働き方をやめて、起業一本でやっていく！　と覚悟して始めるのであれば、軍資金として３カ月から６カ月分の生活費を貯金しておくのがおすすめです。

そうでないと、せっかく起業したのに、売上があがらないから生活のためにバイトや仕事探しをしなければいけなくなり、起業のための時間が減ってしまいますよね。


そんなリスクを負いたくないという人は、副業として始めてみることをおすすめします。

副業として、月に５万円～10万円、プラスになったら嬉しいと思いませんか？　何を買おうかな、美味しいものを食べたり、旅行にも行けるかも！　とワクワクしてきますよね。


では、どうやって10万円を稼ぐのか、簡単な例をあげますね。

たとえば、コンサルティングで起業をするとします。１回のサービスを１万５０００円で販売すると、７人で10万５０００円。３回のコースを作ると、１コース４万５０００円になります。

これを３人に販売すれば、13万５０００円です。

7回のコースを作ると、1コースが10万5000円なので、1人に販売すれば、月10万円は達成しますね。

1カ月に数人のお客様が、あなたのサービスを買ってくれれば目標達成です！　簡単だと思いませんか？　とはいえ、1万5000円のサービスなんて作れない！　自信がない、という人もいると思います。

ですが、思い出してみてください。美容院に1回行けば、マッサージに1回行けば、ホテルに1泊すれば、1万円以上を払いますよね。

私たちの周りには、サービスがたくさんあるのです。価値がある、と納得していただければ、気持ちよくお金を支払ってもらえます。

最近私が実際に利用したサービスに、ココナラという、いろんなジャンルのサービスを受けられるオンラインショップで、生花をプリザーブドフラワーに加工してもらうサービスがあります。結婚10周年の記念に、夫から美しいピンクのバラの花束をもらったのですが、すぐに枯れてしまうのがもったいなくて、形に残しておけないかと思い、利用することにしました。

他の店舗だと半年以上の期間がかかるところを、個人でサービスを提供している人だったので、急ぎで3カ月程度で仕上げてくれたのです。2万円くらいだったのですが、大変満足しました。

個人で起業する強みは、大手だとできないことができたり、お客様の事情に寄り添ったサービスを提供することなどがあり、決して安くないと買ってもらえない、ということはないのです。

それでもそんなに高い価格でサービスを提供する自信がない、という人も心配しなくて大丈夫。単価を徐々に上げていく方法も、この後お伝えします。

月に5万円～10万円の収入アップ。想像しながら、頑張ってみてくださいね！

1万円を自分の力で稼ぐまでの具体例

すでに起業をしている先輩たちの例を見てみましょう。

今、月に30万円〜50万円稼いでいる人も、はじめて1万円を稼いだときがあるのです。副業や起業をして、売上がないところから、売上1万円って、とてもすごいことなんです。1万円から100万円にするよりも、0円から1万円にするほうが難しいと言われるくらいです。

1万円あったら、何をしますか？　私なら、そのときどきによって変わるかもしれませんが、家族で焼肉に行きます。食べることも楽しみですが、家族でワイワイやる時間を楽しみたいのです。

4人の先輩にインタビューしました。はじめて自分の力でお金を稼いだときの話を聞いています。

資格をもっていなくても

東京都練馬区で、編集者として活躍している三浦あいさん。フリーペーパーやインスタグラムで、地域の情報発信をしたり、地元の起業女性をサポートする事業をするなど、私も何度もお世話になりました。

三浦さんが起業当初にしていた取り組みで、とても面白いなと思ったのが、「自分で講師をせずに売上をあげる」ということでした。

どういうことかというと、ヨガレッスンを開催したいと思うと、普通は自分がヨガの資格をとって、開催しますよね？　三浦さんの場合は、自分でするのではなく、企画者としてヨガ講師を呼んでレッスンを開催し、4万円以上の売上をあげたのです。それだけではなく、初月は15万円の売上があったそうです。

集客は、ママサークルの人たちに声をかけ、ある程度の人数が確保でき、スタジオ代と講師代がペイできる保証を作ってから実行したので、リスクはゼロでスタートできました。このように、自分は資格をもっていなくても、やりたいことが仕事になるということが叶えられるのが、素晴らしいアイディアですよね。

起業のきっかけは、会社員よりも自由で楽しい仕事ができそうだと思ったことだそうです。実際に、仕事は楽しいものだと考えていて、関わっている人が楽しめることを大切にされています。

講師やスタッフも楽しいと感じる環境にするために、企画などもすべて通すスタンスという器の大きさに、周囲の人からの信頼もあつく、三浦さんが企画するものには自然と人が集まってきています。

昔から好きだったことを仕事に

絵描きの永島愛さん。ご自宅の一室をアトリエにして、作品を制作しています。

幼い頃から、絵を描くことが大好きで、絵の教室に通い、高校からは絵画の道へ。美大を卒業し、就職を考えたとき、普通の会社で働くことは考えられなかったそうです。「絵を描くことを続けたい」という思いから、アルバイトをしながら絵の制作をしているなか、大規模な展示会に出品されました。

個人経営のギャラリストの人が、絵を気に入ってくれてグループ展に誘われ、作品を4枚出品しました。そのギャラリーの常連であるお客様が永島さんの絵を購入。4枚のうちの1枚が2万5000円で売れました。

シナの木の合板に描いた、木目をいかした作品で、あたたかみのあるものです。通常はキャンバスに絵具をのせて描きますが、木と絵具の相性が良いと考え（絵具の発色や質感）、自宅にあったシナの木に描いてみようと思いついたそうです。

その後も自宅で制作を続け、年に数回、展示会を開催してファンが増え続けています。

人との出会いは一期一会。新しく会う人には、自分から絵描きの仕事をしていることを話すことで、興味をもってもらえるといいます。

作品が出来上がると、SNSで写真をアップしたり、よく行く画材屋さんに展示会のチラシを置いてもらって、それを見た人が展示会に足を運んでくれ、気に入れば絵を購入してくれていました。

愛さんは自宅の一部屋をアトリエにして、お子さんが保育園に行っている間や、夜寝た後に活動。すきま時間に絵のイメージをふくらませ、落ち着いた時間に構想をねっているそうです。

日々、美しい景色や、出会った人のこと、香りなど忘れてしまいがちなささいな記憶をモチーフにして描いているそうで、見る人の心を癒す、優しくも力強いタッチがとても人気です。

個人のお客様の希望（飾りたい空間）に合わせて、オーダー作品も制作しており、初めて絵画を買う人に「家の空間が明るくなった。場が整った」と喜ばれています。

今後は企業、お店、ホテルなどの空間を彩るアートにも挑戦する予定だそうです。

自宅の一室でサロン開業

ご自宅の2階で、リラクゼーション整体サロン「narinarina」をされている森岡えりかさん。もともとは理学療法士として14年間働いていましたが、人間関係のストレスや収入面から、もっと自由に仕事をしたい、と起業されました。理学療法士として働くなかで、未病の方を救いたいと、整体とリラクゼーションのメリットを合わせたサービスを考案。

サロンがあるのが高知県の住宅街で、集客が難しいなか、無料で作成できるホームページを作ったところ、検索して見つけてきてくれたのがお1人目のお客様。80分7800円のコースをご利用いただき、2回目も予約してくださり、はじめの1万円の売上を達成。今もリピーターとして通ってくださっているそうです。

ほかにも、チラシを作成してポスティングしたところ、80枚を配ったうち2人から連絡があったそうです。今では8割が口コミで来てくれたお客様ということで、理学療法士という強みと、整体とリラクゼーションいいとこ取りのサービスが人気の秘訣。明るく優しいお人柄で、かゆいところに手が届く施術に注目が集まっています。

バツイチ再婚の経験から起業

婚活サロンミリーマリアージュを立ち上げた、みりさん。結婚相談所の仲人をしながら、婚活のマインド講座や、女性の生き方講座などを開催されています。

起業のきっかけは、働き方を変えたいと思ったことでした。みりさんは、会社員として働いているなかで、土日祝日の勤務もあり、お子さんを保育園に預けていました。ある土曜日にお子さんから「保育園に行きたくない」と言われ、話を聞いてみると、土曜日は登園しているお友達が少なくて、先生と自分だけで過ごす日もあるとのことでした。

働き方を変えれば、寂しい思いをさせなくてすむし、時短勤務がなくなったあとも、家にいて「おかえり」と出迎えてあげられるようになるのではと考えたのです。

会社員として働いていると、子どもが小さい頃は時短勤務の制度がありますが、小学生になると時短勤務がなくなってしまうので、悩む人は多いと聞きます。

起業のヒントは、もともとみりさん自身がバツイチ、シングルマザーから、再婚を目指していたときに周囲のすすめで結婚相談所に入会し、たった2カ月半で素敵なパートナーと出会い再婚、退会されたことです。

その結婚相談所の仲人さんのサポートに感動して、幼い頃から男女のコミュニケーションに興味があり、好きになった人とは必ずお付き合いできていたみりさんは、自分の経験をいかして同じように結婚して幸せになりたい人の力になりたいと、仲人として活動することを決めました。

そこで、ブログに婚活の記録を書き、2〜3日に一度の頻度で発信を続けました。

そのブログを見た女性から入会の申し込みがあり、入会金10万円を売上。その女性はみりさんのサポートを受け、6カ月で成婚されたそうです。

結婚相談所での婚活経験者だからこその、会員さんのお気持ちに寄り添うサポートが人気で、このように、自分自身の経験をもとに起業をすることも、とてもおすすめだと思います。

先輩たちの例はいかがでしたか？　それぞれ、自分にできそうなことから始めていて、いろいろな努力をしながら明るい未来に向かって行動していますよね。自分の経験のなかに、起業のヒントがありますね。

最初の売上をあげるまでのロードマップ

まずは、自分が提供するサービスを決めましょう。第1章を参考にしながら、「自分ができること」で、「人に喜んでもらえること」なら何でもいいという気持ちで書き出してみましょう。

そして、そのなかから自分がしたいと思うものだったり、周りの人に聞いてみて、いいねと言われたもの、これだというものが決まったら、その専門家になったつもりで、自分は「何屋さん」なのかをはっきりと明示した肩書きを決めます。

肩書き例

- 半年で5キロ痩せるダイエットコーチ
- 初心者でもプロ並みの絵が描けるようになる絵画教室
- モテる身体づくりトレーニング講師
- 起業家のための名刺デザイナー
- YouTube 初心者向け動画クリエイター

はじめの売上をあげるときに大切なのは、「何屋さん」であるかという軸をぶらすことなく、専門家をつらぬくことです。

どういうことかというと、美味しいお寿司が食べたい人は、食べ放題のお店ではなく、寿司専門店に行きますよね。

ところがその寿司専門店が、ピザもプリンも洋服も売り出し始めたらどうでしょう。「あれ、ここって何屋さんだっけ?」と思いませんか? お客様を迷わせない、ということが何よりも大事なのです。

何の専門家になるかを決め、肩書きを決めたら、それを知ってもらう行動をします。私は、はじめは、夫に借りたパソコンで簡易なチラシを作って、プリンターで印刷したり、名刺も業者に依頼したしっかりしたものではなく、自宅でプリントしたものを使っていました。

経費をかけて大掛かりなチラシや、名刺、ホームページを作らなくても、無料のSNSを使えば自分が提供するサービスを世に広めることができるのです。

最近ではブログやインスタグラムがよく使われていますが、アカウントの名前を、決めた肩書きにして、基本的に専門的な内容だけを発信します。たとえばダイエットコーチなら、ダイエットに関することだけを発信するということです。

発信を毎日または定期的に続けていれば、フォロワーが少しずつ増えてきます。1カ月くらい発信を続けたら、自分のサービスに興味がある人に向けて、モニターの募集をしてみるといいでしょう。モニターは、無料または定価の半額などで募集し、サービスを受けてもらいます。

どういったサービスにするかですが、たとえば何かを教えるようなものであれば60分前後のオンラインセッションだったり、将来的に定価はこれくらいでやりたいなと思う内容、ボリュームにするとよいですね。

サービスを受けてもらったら、よかったらアンケートにご協力ください、とご感想をいただきましょう。今後の「お客様の声」として、アピールできる材料になりますので、必ず実施してください。

モニターの価格にもよりますが、たとえば2000円でサービスを受けてもらった場合、5人がサービスを受けてくれれば1万円達成です！　どうですか？　そんなに難しくないと思いませんか？

ネット集客の他にも、今もっている人脈からサービスを受けてくれる人を探すのもよいと思います。家族、親しい友人に、「こんなサービスを始めようと思うんだけど、よかったら感想を聞かせてほしい」とお願いすれば、率直な意見を聞くことができ、サービスをブラッシュアップすることができるでしょう。

最近オンラインでも起業家同士の交流会が開催されていたりするので、そういったものに参加して人脈を作るのもいいですね。はじめの1万円を稼ぐまではあせらずに、こつこつ土壌をつくっていくイメージで発信やモニターさんへのサービス提供を行っていきましょう。

重要！　単価アップの考え方

おこもり起業を始めて、はじめのうちはモニター料金として2000円でサービスを提供していたとしても、それをずっと続けているとなかなか売上をあげることができず、苦しいですよね。

モニター料金は2000円だとして、定価を1万円にしたいときに、すぐに1万円にするのではなく、5000円、8000円、というように、段階をふんで少しずつ値上げをしていくといいと思います。

2000円で満足してくれていたお客様も、もしかしたら1万円だと「高いな」と思い満足してくれないかもしれませんし、あなた自身も自信をもってご案内することが難しいですよね。でも、2000円で大満足してくれたお客様が10人以上いれば、5000円でも満足してもらえるかも、と思いませんか？

値段の感覚は人それぞれですが、最終的にこの価格でも求められるようになりたい、という目標をみすえて、値段設定をしていくことが大切です。

価格をあげるタイミングは、2つあります。1つめは、お客様がいっぱいになって新規予約が難しくなったとき。**お客様がいっぱいになってしまったら、あの人のサービスは人**

気だから、値上がりしたんだなと受け入れられやすいです。

価格が上がることによって、安さだけで選んでいたお客様がいなくなれば、サービスに価値を感じているお客様にとっては予約がとりやすくなって嬉しいことですよね。

２つめは、今の価格では見合わないな、とあなたが感じたとき。**サービスを提供するために時間や労力をさいているあなた自身の感覚を大切にしましょう。**これだけの労力をかけて、２０００円しかもらえないのは、安すぎるな。そう思えば、あなたがお客様だったら、このくらいの値段でも支払うと思う価格に値上げをしてみましょう。

どれくらい真剣に起業に向き合うかで、値上げのスピードは異なるかと思いますが、１年くらいかけて計画的に値上げをしていくのがおすすめです。

値上げのお知らせは、たとえばメールやＬＩＮＥなどのメッセージであったり、発信をしているＳＮＳなどでしましょう。値上げ前にお知らせすることで、かけこみでお客様が増えるかもしれません。

注意しなければならないのは、起業して何年も経っているから、高単価でサービスを買ってもらえるわけではありませんし、とても良いサービスだから必ず高単価にできるというわけでもないということです。起業10年目でも単価数千円の人もいますし、こんな良いサービスなのにこの値段でいいの？　と思う人もいます。

起業して間もないのに、いきなり大ベテランのような価格設定をしている人がいたり、中身がすかすかなのに驚くほど高い、という人もいます。

覚えておいてほしいのですが、高単価にできるのは、「質」がともなってこそです！まずはモニター料金などでサービスをブラッシュアップしていき、お客様からのご要望をとりいれて、質を上げていくのです。一生懸命、お客様に向き合えば、良いサービスは生まれます。

私が運営しているセルフケアブランド「ウイセルフケア」では、単価が20万円～40万円程度なのですが、生徒様からは「ここのセルフケアを実践することで、人生が好転した。

支払う前は高いと感じたが、今となっては安いと思います」というお声が届き、その価値を認めていただいています。

ウイとはハワイ語で「美しい」という意味があり、本来の美しさを引き上げるような上質でシンプルなセルフケアをテーマに、表情筋トレーニングや姿勢調整、リンパケアなどを組み合わせたパーソナルレッスンを提供しています。

スタート時は、まだサービスの内容も充実しているとは言いがたいため、モニターレッスン2000円で実施していました。それでも常に全力で生徒様に向き合ってきたからこそ、ご満足いただき、その価値が高まってきたのだと嬉しく思います。

間違っても、自分の利益だけを考えて、必要以上に高い金額にしないこと。お客様にご満足いただける内容と金額にすること。これはとても大事なことです。そうしないと、不満足に感じたお客様が悪い口コミを流して、どんどんお客様が離れていってしまうのです。

反対に、お客様が満足してくださると、ここのサービスいいよ、と口コミしてくれるので、良いお客様が増えて起業が継続しやすくなります。提供する側としても、ご満足いただける自信をもって、価格をお伝えしたいですよね。

売上1000万円を達成するために大切なこと

私が考えるお金とは、お客様に喜んでもらった対価です。**誠心誠意尽くして、「ありがとう」と気持ちよくお金を払ってもらう**、あるいは「あなたにお願いしたいです」と信頼して先払いしてもらうものです。そのため、すぐに1000万円稼げます！　とか、寝ていたらお金が増えます！　なんて話はできません。

簡単ではないけれど、誰でもチャンスはあります。なので、その方法をお伝えします。まずは提供できるサービスをどんどん磨いていきましょう。そのためには、たくさんの人へあなたのサービスを届ける必要があります。「ここのサービスなら間違いない」と言われるようになったら、単価アップをすることができます。

いわゆる高額商品といわれるような、長期サービスを販売できるようになれば、おこもり起業でも1カ月に100万以上を稼ぐことは難しくありません。
1カ月で100万円として、1年で1200万円の売上になりますね。令和5年の日本人の平均給与は460万円（国税庁のHPより）であり、会社に勤めて頑張っていても、なかなか給料が上がらない、なんてことはよくあることですよね。

おこもり起業なら、自宅や好きな場所で、好きな時間に働いて、頑張った分だけ売上があがっていきます。起業してすぐに売上があがるわけではないですし、波もあるので不安だ、という人もいると思いますが、チャレンジする価値はあると思います。

私は稼ごうと決めてから売上が安定するまで、1〜2年かかりました。すべて手探りでやってきたからです。ただ私がプロデュースをした人のなかには、2〜3カ月でひと月の売上が100万円を超えた人も多くいます。資格がたくさんあるとか、良い大学を出ているとか、それが売上を決定するわけではないので、誰にでもチャンスはあるわけです。

売上1000万円以上を達成したい人は、次のことを大切にしましょう。

①サービスの質
②人柄
③発信する力
④提案力

まずは、サービスの質が良いこと。「いくら支払ってもいいから、そのサービスを受けたい！」と思ってもらえれば、高単価でも販売することができます。お客様からの声をもとにサービスを改良したり、講座や本などから情報収集を常に行い、専門知識のブラッシュアップをしていきましょう。そして、より良いサービスをお客様に届けつづけます。

次に、人柄です。直接会ったことはなくても、プロフィールや日々の発信から、あなたの人柄が伝わります。そこで、言葉遣いが悪かったり、他人の悪口が書いてあったら、きっとあなたのサービスを知る前に、「この人にはお願いしたくないな」と思われてしまうでしょう。

どこから噂がたつかもわかりません。日頃から、サービスを提供する人としてふさわしい人であるような立ち居振るまいをしましょう。

良い人の演技をしましょう、ということではありませんが、「また会いたいな」と思われる人になれば、チャンスは増えていきます。

発信は、どのような形であってもするべきだと考えています。発信力というと、有名にならなければと考えるかもしれませんが、有名人になる必要はありません。困っている人に、届くような発信ができればいいのです。

普段何気なくＳＮＳを使っていたり、ネットを利用している人が、こんな悩みを解決できないかな、と思ったときに、そうだ、この人にお願いしようと思ってもらえる存在になっているといいですよね。そのためには、日頃から発信者として発信を継続しておく必要があります。

なかには、口コミだけでお客様が増えている人や、ネット検索で上位にあがってくるという人もいますが、ほとんどの人は発信をしておくほうがよいでしょう。

そして、お客様がサービスを受けることを決める決め手となる、提案力を磨きましょう。これは、108ページでも解説しています。お客様のお悩みをしっかりヒアリングするのです。

おこもり起業では、メッセージのやりとりや、事前アンケートなどでお客様の悩みや要望を聞き、解決する方法を提案します。高額商品の場合は、オンラインで打ち合わせをするのもよいでしょう。

起業するときの手続きの基本

個人でビジネスを始めるとき、つい集客ばかりに気をとられてしまうかもしれませんが、必要な手続きがありますので、忘れないように行いましょう。年間で20万円以上の所得があると確定申告の義務が発生します。所得とは、売上から必要経費を差し引いた金額のことをいいます。

開業届を提出する

開業したら1カ月以内に、納税地の税務署へ「個人事業の開業・廃業届出書」を提出します。一般に開業届とよばれる書類です。納税地とは、一般的には住んでいる場所です。開業届は、国税庁のウェブサイトからダウンロード、または税務署の窓口で受け取れます。

屋号を決める

屋号とは、店や事務所の名前のことです。個人事業でも名前をつけられます。屋号はつけなくてもかまいません。屋号が決まっていれば開業届に書きますが、開業届を出したあとに屋号をつけてもかまいません。

国民年金や国民健康保険に切り替える

会社員の場合は勤め先の社会保険に加入しますが、個人事業主の場合は、基本的に国民年金と国民健康保険に加入することになります。会社員から個人事業主に変わる場合は、勤務先の社会保険から、国民年金と国民健康保険に切り替える手続きが必要です。会社に勤めながら副業をする場合は、社会保険の切り替え手続きは不要です。

青色申告承認申請書を提出する

個人事業主が行う確定申告には、青色申告と白色申告の２種類があり、青色申告なら最大65万円の青色申告特別控除が受けられます。ただし、青色申告を行うためには、所轄の税務署に所得税の青色申告承認申請書の提出が必要です。提出期限は、開業日が１月１日から15日ならその年の３月15日まで、１月16日以降なら開業日から２カ月以内となります。

銀行口座を開設する

プライベートの銀行口座とは別に、事業用の銀行口座を開設しておくと、お金の管理がしやすくなります。プライベートの銀行口座を事業用として使用することもできますが、区別して管理していないと確定申告の際に、どれが事業用なのかを振り分けなくてはならず、手間がかかります。

銀行口座を区別しておけば、確定申告において、取引内容と金額を記載する仕分作業の手間を少なくすることにもつながるでしょう。

また、個人事業主は、「○○美容室」や「○○商店」といった屋号を任意でつけることができ、屋号つきの銀行口座を開設することもできます。取引先やお客様からも事業内容が伝わって信用を得やすくなる傾向があります。

会社員とは異なり、個人事業主は税金や社会保険などの手続きもすべて、自分で行わなければなりません。起業をサポートしてくれるコンサルや、信頼できる税理士を見つけて、タイムパフォーマンスをあげることも、ひとつの方法ですね。

オンラインでも心をひらいてもらう7つの方法

おこもり起業において、**オンラインでも心をひらいてもらうスキルは必要**だと感じています。特に女性相手の仕事をしたい人は、心をひらいてもらえなければ、相手のニーズも聞き出せないし、商品を売ることもできないと思ってください。

想像してみてください、初めて会う人に、「あなたの悩みは？」と突然聞かれたら困惑しますよね。「なんであなたに話さなきゃいけないの」となりますし、話したくない、と思うかもしれません。

また、初めて会う人から、30万円の商品を購入できますか？ それが一体どんな商品なのか、あらかじめわかっていて、もう買うことを決めていたなら話は別ですが、即決するのはきっと難しいはずです。

しかし、すでに心をひらいて何でも話せる相手なら、悩みを話すことも嫌ではないですし、もっと話を聞いてもらいたい、もっと話を聞きたい、と感じると思います。

そんな相手に30万円の商品を紹介されても、私のことを想って提案してくれているんだな、と感じ、売りつけられた！ という悪いイメージにはならないでしょう。たとえ高いなと思っても、素直にその気持ちを言えるはずです。

つまり、心をひらいてもらえると、ビジネスでの人間関係がスムーズにいくのです。オンラインでレッスンを始めたばかりのころ、レッスンをしっかりすることだけに集中していた私は、相手の話を聞いたり、相手の立場になって考えたりすることがぜんぜんできていませんでした。

なので、レッスンをしているときも相手の反応がとてもうすかったり、メッセージのやりとりをしていても返信がこないなど、うまくいかないことがありました。

そこで、レッスンを始める前に、相手の話を聞く時間をとることにしたのです。90分のレッスンのうち、10分から人によっては30分も。そうすると、楽しそうにレッスンを受けてくれ、レッスンの後には「とっても良かった！　感動した」と喜びのご感想がいただけるようになりました。

そのご感想をＳＮＳで掲載すると、感想を見た人がレッスンに申しこんでくれたりして、仕事がうまくいくようになりました。

ここでは、今すぐに実践できる、オンラインでも心をひらいてもらう方法７つをお伝えします。

①笑顔を見せる

無表情な人よりも、笑顔の人のほうが、話しやすいですよね。真剣に話を聞きすぎて、眉間にしわを寄せたこわい顔にならないように注意しましょう。

②あいづちをうつ

「うんうん」「へぇ?」「そうなんですね」と声にだしたり、顔を縦に振ってうなずいたりしましょう。あまりオーバーだとわざとらしいですが、動かずにじーっと話を聞かれるとちょっと相手が緊張してしまいます。

③話は最後まで聞く

一番いけないのは、相手が話しているのに、「でもそれは〜」「私の場合は〜」と否定したり、自分の話を始めたり、いきなり解決策を言ったりすることです。何か言いたいことがあったとしても、相手が話し終わるまで、辛抱強く待ちましょう。

④相手へ興味をもつ

まず相手への興味がなければ、話を聞くことも苦痛ですよね。この人はどんな人なんだろう、どんなことを大切にしているんだろう、と相手の人柄や背景を知ろうとすることも大切です。

⑤相手に質問する

相手が話し上手でない場合もありますので、あなたから質問をしてみましょう。「子どもはいますか?」「結婚は?」などのセンシティブな内容ではなく、「どんな食べ物が好きですか?」とか「休日の過ごし方は?」などの答えやすい質問だったり、相手の悩みに対して、深く知ることができるような質問をしてみましょう。

⑥相手が興味のあることを話す

興味のないことを話されると、退屈だと感じてしまい、集中力も途切れます。相手があなたから聞きたいことを話しましょう。事前に、「どんなことが聞きたいですか?」と聞いておくといいかもしれません。

⑦相手の素敵なところを伝える

話をするなかで、相手の素敵なところを見つけたら、率直に伝えましょう。「今日は、興味深く話を聞いてもらえて、とてもうれしかったです」「○○さんが素敵な笑顔なので、私も話しやすかったです」など、褒められたら嬉しくない人はいませんよね。褒めてくれた人にも、良い印象をもち、もっと関わりたいと思ってもらえます。

そのほかにも、相手の名前を呼んだり、感謝の気持ちを伝えるなど、相手の心に寄り添うような言動をすると、次第に心をひらいてもらうことができます。相手が心をひらいてくれると、ビジネスがスムーズにいくだけではなく、信頼してもらえるって、とても嬉しいことですよね。日頃から、この7つの方法を活用してみてください。

コラム
2

お金はあとからついてくる

自分の力で仕事をしようとしたとき、まずお金の計画から考えるか、事業の内容から考えるか、あなたならどちらですか？　お金は生活するために必要ですし、計画はしっかりと立てたほうがいいですよね。

ただ、はじめから月30万円は稼ぐぞ！　と意気込んでいると、達成しなかったときにがっかりしてしまいます。反対に、まずはお客様に喜んでもらえるように頑張るぞ！と思っていたら、お金は大きく稼げなくても心の充実感は得られるでしょう。

この場合、どちらが正解なのでしょうか。人によって、答えはさまざまだと思いますが、私は断然後者です。仕事は生活の一部なので、やっぱり幸せを感じたい。なので、お客様に喜んでもらうことが、やりがいにもつながります。ただ、お金のことをまったく考えないと、ずっと稼げない状態になってしまいますね。実際、起業して3年間、子どもの保育園代がやっと稼げる程度の売上が続きました。

ですが、こつこつ積み上げた経験は、お金にはならなくとも自分の糧になっていて、サービスの質を磨くことができていたので、いざ値上げしようとしたときも、その金額に見合うものを提供することができました。

最低限の生活資金を確保できるのであれば、起業して数カ月～1年は思うように売上があがらなくても、焦る気持ちをぐっと抑えて、目の前のお客様に一生懸命向き合ってみてください。私はこれを続けることで、気づけば預金はどんどん増えていきました。通帳を見ながら、お金が減った、増えた、と一喜一憂していた頃は、ぜんぜん増えていかなかったお金がです。

お金と仲良くなり、「お金が増える」と思い込むことも大事です。財布のなかはいつのかわからないレシートでぐちゃぐちゃ、小銭で財布が変形するくらいパンパン、なんてことはありませんか？　お金が気持ちよく過ごせるように、いつも財布のなかは整理して綺麗な状態に。カードも必要最小限。お金持ちは、お財布も小さいと言いますよね。今の財布やお金のある場所を、見直してみましょう。

私の場合、お財布にカードは3枚。千円札が1枚。100円玉が数枚というのが通常です。支払いは、ポイントが貯まるので基本的にカード支払い。現金しか使えない場合に千円札などを使います。

レシートや領収書はその日のうちに整理するので、いつも気持ちよく使うことができています。財布が整っていると、不思議とムダ使いもなくなるのでおすすめです。

第3章

「おこもり」の集客で大切なこと

お客様が途切れない人がやっている方法

SNSは一点集中(1つに絞る)

おこもり起業をするなら、SNSを活用しない手はありません。もちろん、口コミだけで集客するのもありだと思いますが、SNSを活用すれば、誰にも知られていない状態からでも、全国・全世界に顧客ができる可能性があります。

ここで考えてみてほしいのですが、ブログ、フェイスブック、インスタグラム、何をするのが正解だと思いますか?

答えは、どれも正解です! ただし、はじめにどれもこれもとやりがちですが、成功している人を見ていると、まずはどれか1つに注力していることが多いです。

私の場合、起業当初はフェイスブック、インスタグラム、ブログ、HP、公式LINEなどに自分のサービスを掲載して集客しようとしていました。毎日すべて更新できればいいのですが、子育てしながらの起業で、当然そんな時間はなく、すべてが中途半端な更新になっていました。

そのため、ＳＮＳからの問い合わせはほとんどなく、集客に悩む時期が続いてしまったのです。このままではいけないと思い、思いきってＳＮＳを１つに絞ってみることにしました。私は写真を撮影することが好きだったので、主に写真を掲載するインスタグラムを選び、何があっても毎日更新することに決めました。

投稿のネタは、**自分のサービスの内容や、なぜそれを発信しているのか、受講した人にはどんなメリットがあるのか、**などです。投稿の際に使用する文言は、専門用語は使わず、できるだけわかりやすい言葉にするように気をつけました。

そして、ここは意外と見落としがちなポイントなのですが、投稿を見て興味を持ってくれた人が、どこからどのように問い合わせすればいいのかも明記するようにしました。「レッスンに興味がある人は、興味あり、とメッセージくださいね」というふうにです。

毎日投稿をすると決めて3カ月後に、モニターレッスンを募集したところ、ひと月に20件のお問い合わせがありました。集客をするには、たくさんの媒体に掲載しなければならないと考えていた私は、驚きました。

更新するSNSを1つに絞ることによって、労力も少なく、熱量を込めて発信することができるので、結果として質の高い投稿ができます。その投稿に共感してくださった人から、連絡をいただくことができたのです。

今は、さまざまなSNSを活用している人がいます。自分に合っていると感じるものだったり、これだったら続けられそう、というものを1つ決めて、質の高い発信を継続することで、そこから集客ができるようになるのです。

1つのSNSが軌道にのってきたら、他の媒体も使っていきます。

たとえば、インスタグラムではレッスンの紹介や興味づけの発信をし、さらに興味がある人には公式ラインを登録してもらい、そこでもっと深い内容を発信して本サービスにつなげていく。

また、ブログにはお客様からのご感想や、あなたのサービスに対する熱い想いなどを掲載すると、「素敵な人だな」とファンになってもらえたりするのです。

簡単に統一感を作る3大ポイント

発信するときに、自由に、自分の好きなように、何も考えずにしていると、「あれ、なんだかちぐはぐだな」となることがあるかもしれません。SNSでも、HPなどのサイトでも、チラシでも、あなたの提供するサービスを表すような世界観があるほうが、いいなと思ってもらいやすいです。

たとえば、提供するサービスが事務サポートのようなものであれば、落ち着いたイメージ、爽やかなイメージ、誠実そうなイメージ。美容系のサービスであれば、おしゃれなイメージ、高級感があるイメージ、などです。

このような世界観をうまく作っていけると、安定したイメージをもってもらえるので、はじめに考えておくのがおすすめです。世界観に大切なのは、「統一感」です。背景や文字の色がころころ変わったり、字体がいつも違うなど、安定しないとイメージがブレてしまい、記憶にも残りづらいです。

反対に、いつも同じ字体、カラーを使用していると、「あっ、これは○○さんの発信だ」と覚えてもらいやすくなりますよ。

統一感を作るのは、大変そうに思えますが、実はそんなに難しいことではありません。次の3つのポイントをおさえれば、誰でも簡単に統一感のある発信ができます。

- 色
- 明度
- 字体

色（カラー）は、サービスのイメージに合ったものにしましょう。アート系ならモノトーンやビビットなカラー、美容系ならピンクやベージュなど女性に好まれそうなカラーがおすすめです。同業他社と差別化したい場合は、同業他社がどんなカラーを使用しているのかもチェックしてみましょう。

明度は忘れがちですが、色味の明るさが異なるものを隣り合わせると、ミスマッチ感があります。同じ明度のものを使用すると、おしゃれに見えます。たとえばパステルピンクと暗い青より、パステルピンクとパステルブルーのほうが、見ていて安心する組み合わせになります。

字体の選び方もとても大切です。これもサービスのイメージに合ったものにしましょう。あなたのサービスの内容が決まったら、それが一般的にどんなイメージなのか、書き出してみることをおすすめします。「おしゃれ、高級感、女性向け」なら、英語の筆記体や明朝体、ゴシック体など。

これらをはじめに決めたら、最低でも3カ月は同じもので発信するのが良いです。なかには頻繁に変える人もいますが、イメージが安定しないので、あまりおすすめしません。

ぜんぜん思いつかない、という人は、ぜひ世の中のサービスを参考にしてみてください。街を歩けば、いろんな看板があったり、ネットで検索すると参考になるものがたくさんありますよ。あなただけの世界観を、ぜひ作ってみてくださいね。

おこもり自撮りのテクニック

主にネットなどを使用したおこもり起業をする上では、自分の「顔」を出すことで、安心感を相手に与えることができます。

スーパーなどで野菜のパッケージに、農家さんの顔写真があって、「〇〇さんが作りました」と書いてあるのを見かけたことはありませんか？　何も情報がない商品よりも、誰が作っているのかが明確にわかるほうが、安心して手に取ることができますよね。

私もつい先日、近くのスーパーに行ったとき、まったく同じ値段で、量も同じのじゃがいも袋が2種類あって、ひとつは顔写真入りのパッケージ、ひとつは文字だけのパッケージだったので、迷わず顔写真入りのものを手に取ってしまいました。
産地から遠く離れて、直接販売しているわけではないのに、顔写真があるだけで、親しみを感じてもらえるというメリットがあるのです。

なかには、絶対に顔出ししたくない、という人もいると思うのですが、もし抵抗がなければ、どんな人がサービスを提供しているのか、安心してもらうためにも顔写真は載せておくのがおすすめです。

ＳＮＳのアイコン写真などは、プロに撮影してもらったものを使用しましょう。自分では気づかないような素敵な表情や角度、光の加減など、やはり素人とは異なる写真になります。アイコン写真を見て、フォローするかどうか決める人もいるくらいなので、こだわりたいですよね。

また、一度アイコンを決めたら、ころころと変えてしまうよりも、1年以上を目処に同じものにしておいたほうが、覚えてもらいやすいので、よく考えて決めましょう。どんなイメージをもってもらいたいかによって、顔の向きや表情などが変わってきます。

誠実そうなイメージなら、顔は正面向きでカメラ目線、綺麗なイメージなら、顔は斜め45度でカメラ目線、ナチュラルなイメージなら、横顔で視線をはずしたものなど、出したいイメージを写真で作りましょう。この辺りは、カメラマンさんと相談して決めていくといいですよ。

普段の発信でも、顔がうつっている写真を出そうとするなら、いつもプロに撮ってもらうというわけにはいきませんよね。

その場合、自分で撮ることが必要になってきます。最近のスマホのカメラの性能は上がっていて、とても綺麗に写真や動画を撮ることができるので、思いついたときにさっと撮影して発信することが可能です。

ただ、撮影のテクニックがないと、いつも同じ顔、角度の自撮りになってしまい、「またこれか」と飽きられてしまう可能性大！　テクニックといっても、とても簡単なので、ぜひ試してみてください。

いろんな角度で撮る

お気に入りの角度はあると思いますが、顔の向きを少しずつ変えて、何枚か撮影してみましょう。

カメラを近づけたり、遠ざけたりする

手でカメラをもって、近づけたり遠ざけたり、自撮り棒を使ってもっと遠ざけたりして、写る範囲を変えてみましょう。それだけで、雰囲気の違う写真になります。

自然光で撮る

自然光は、肌がふわっと綺麗に写ります。部屋の照明の真下にいると、顔に影がくっきりと出るので、老けてみえることがあります。光の良い場所を探して撮影しましょう。

これらは、外出先でするのはちょっと勇気がいったり、迷惑になったりすることがありますが、自宅にいれば、誰の目も気にすることもなく可能です。リラックスした雰囲気の

写真や、着飾っていないいつもの自分の雰囲気も見てもらうことができるので、「こんな一面もあるんだな」と、親しみをもってもらうことができます。

また、お気に入りの写真ができるまで何回でも撮り直しができることもメリットのひとつです。おこもり自撮りをマスターすれば、もう顔出しもこわくありません。

おこもりライブ配信でファン作り

ライブ配信を見たことがありますか？　有名人やサービスの案内をしている人、最近ではさまざまな人がライブ配信をしていますよね。自分がするとなると、一体何を話せばいいの？　と尻込みしてしまう人も多いと思いますが、ライブ配信することのメリットは、たくさんあります。

まず、あなたの人柄をより深く知ってもらえること。ＳＮＳでは、基本的に写真や動画、文章などで発信をしますが、ライブはリアルタイムで、話している様子や、表情がわかります。

あなたのことが気になっている人なら、ライブ配信を見て、より興味をもってくれたり、サービスを受けてみようという気持ちになってくれるかもしれません。

見ている側が、ライブ配信者へ質問をなげかけることができることも良い点です。その場で質問を返せることによって、メッセージのやりとりよりもタイムラグなく、コミュニケーションができるので、見ている側としても満足度が高く、商品購入につながりやすくなったりします。

たとえば新しいサービスを打ち出す予定だとして、発売前や発売日にライブ配信をしてサービスの説明をしたり、そのサービスをなぜ作ることになったのかなどの背景を語ることで、サービスのストーリーが顧客の気持ちをあたためため、ライブ配信中やライブ配信後に、即購入してくれることがあります。

また、ライブ配信をアーカイブで残せるので、リアルタイムで見られなかった人も、後から見返すことができます。私もライブ配信をすると、「アーカイブで見ました！」とご連絡いただけることがあります。

初めてのライブ配信は緊張すると思いますが、誰も見ていなかったとしても、この後誰か見てくれる人がいるかもしれない、と思って、その人に届くように話しましょう。

何も考えずに話ができる人は多くないと思いますので、どんな内容のライブにするのか、テーマや、話す内容を簡単に決めておいて、まずは5分など短い時間から始めてみるといいでしょう。

テーマの例

- 自己紹介
- サービスの紹介
- お役立ち情報
- プレゼント企画

また、提供するサービスに興味をもってくれそうな人に向けて、「こんな悩みがある人はライブを見てくださいね」と事前にご案内しておくのもいいと思います。

繰り返しライブ配信をすることによって、あなたのライブを楽しみにしてくれる人が増え、アカウントをフォローしてくれている人の気持ちが高まります。なんとなくいいな、と思ってフォローしてくれている人が、ライブを通じてあなたのファンになるのです。

集客をしなくていい集客

おこもり起業をしたら、自分のサービスを売りたいので、集客しなければ！　と思いますか？　実は起業してみたはいいものの、集客に苦労して、あきらめてしまった。そんなお声もよく聞きます。

せっかく自由になりたくて、起業にチャレンジしたのに、集客ができなくてあきらめてしまうのは、もったいないですよね。

オンラインで発信をしていると、サービスに自信はあるのに、ぜんぜんお客さんが来ない、ということもありえます。

逆に、発信の仕方が上手であれば、サービスの質が良くなくても、お客さんがたくさん来ているというところもあるかもしれませんね。ただ、一時集客ができても、サービスの質が悪ければリピーターもつかないですし、売上は安定しません。ここでは、もっと本質的な集客の話をしたいと思います。

まず、集客というと、「お客さんを集める」というイメージがあると思うのですが、まずはここから思い込みを変えていきましょう。

集客とは「あなたのサービスによって喜んでもらえる人が、あなたのサービスを見つけてくれる」というものなのです。見つけてさえもらえれば、その人はあなたのサービスをぜひ受けたい！　と思っているので、押し売りする必要もなく、すんなりと買ってくれます。

むしろ、**ほしい！　と思っていない人に、絶対に売ってはいけません。**「押し売りされてしまった」と悪い口コミがたってしまいます。

あなたのサービスを見つけてもらうためのステップがあるので、参考にしてみてください。

ステップ1

提供するサービスが、どんな人のどんな悩みを解決するものなのか、明確にする。

サービスを受けることにより、お客様の未来はどうなっているのかを明確にする。

ステップ2

サービスのイメージ画像や内容がわかるような文章を用意してSNSなどで発信する。

モニターを10名～15名募集して、口コミ（お客様の声）を集める。モニターは友人や、つながりのある人に自分から連絡してみてもいい。

ステップ3

口コミをSNSなどに、わかりやすく記載する。

モニターを集めて実施したら、そのあとは特別料金で、しっかりと集客できるようになるまでサービスの提供を実施します。このステップの**量と質を上げ続けていくことで**、あなたにお願いしたいと自然にお客様が集まるようになり、必死に発信を続けなくてもお客様が途切れることなく、安定した売上をあげられるようになります。

成約率を2割から5割に変えるクロージング

オンラインで高額なサービスをご提案するとき、どうしたら相手から「YES」の返事をもらえるでしょうか。相手が購入の意思決定をするために行うアプローチのことを、クロージングといいます。

対面での販売よりも、オンラインの販売の場合は売る側の熱意も伝わりにくく、また簡単に断りやすいという特徴があります。オンラインでサービスを販売しているが、なかなかクロージングができず、成約に結びつかないので、売上があがらないという悩みをいただくことがあります。ここで、そんなAさんとの会話をみてみましょう。

はまもと：どうして、クロージングが苦手なのですか？

Aさん　：自分は気が弱い性格なので、相手に強くおすすめすることができなくて、いつも買ってもらえないんです。

はまもと：そうなんですね。クロージングの前にどんなことを話していますか？

Aさん　：サービスの良さを丁寧に説明しています。

はまもと：丁寧に説明しているのはとてもいいですね！　それで、相手はどんな反応でしたか？

Aさん　：今は、お金がないのでいいです、と断られました。

はまもと：そうですか。では、相手の悩みや解決したいことはどれくらい聞きましたか？

Aさん　：はじめに5分くらい、いくつか聞きました。

はまもと：なるほど。でしたら、次からは、15分以上聞いてみてください。もっと、相手が困っていることが聞けたら、クロージングも自然にしやすくなりますよ。

Aさん　：ありがとうございます。次回から、そうしてみます。

ここでのポイントは、相手の悩みや困っていることを聞き出す、「ヒアリング」が足りていなかったことです。ちょっと気になっているもので、１００円だったらすぐに買えても、30万円の商品だったらどうでしょう？　すぐに買えない人がほとんどですよね。実際にはお金をもっていたとしても、他のことに使うかもしれない、大金を出してソンをしたくない、という気持ちがあるので、「お金がないから。高いからいいです」とお断りしてしまいます。

けれども、どうしても、今すぐに、解決したい問題をかかえていたらどうでしょう？

たとえば足がものすごく痛くて、今すぐにでも楽になりたい。手術をしなければ治らなくて、30万円かかりますと言われたら、きっと今すぐお金を支払って手術をしてもらいますよね。

このように、今すぐに解決したい「痛み」をかかえている人に、ぴったりの解決策をご案内するのが「クロージング」です。**あなたがすすめたいものを強くおすすめするのが「クロージング」ではない**のです。

このことを知っていれば、口下手な人でも、気が弱い人でも、押し売りすることなく、するっとサービスが売れるのです。

ヒアリングでは、相手の悩みや解決したいことを聞いていくのですが、ここにしっかりと時間をかけてください。15分以上が望ましいです。相手がうまく話せない場合、こちらから質問をして、話を引き出してみましょう。今、何に悩んでいるのか、本当はどんな状態を望んでいるのかを、細かく聞いてみましょう。

質問の例

「私のことは、どうやって知っていただいたのですか？」

「興味をもっていただいたきっかけは何ですか？」

「まずは、今お悩みの点を教えていただけますか？」

「そのお悩みは、いつごろからお悩みでしょうか？」

「何か対策などはされていらっしゃいますか？」

「その結果はいかがでしょうか？」

「いつごろまでに、解決したいですか？」

「お悩みのなかで優先順位はありますか？」


そして、ヒアリングができたら、あなたのサービスによって、どんなふうに未来を変えていくことができるのか、具体的にお話ししましょう。相手がそのサービスを実際に受けることを想像してくれていたら、「ＹＥＳ」はすぐそこです。

おこもり起業は何歳からでも始められる

あなたは今、何歳ですか？　何かを夢見たり、何かを始めたいと思ったとき、自分の年齢を理由に、「無理だ」と感じたことはありませんか？

たしかに、年齢制限があることもあるでしょう。ですが、断言します。おこもり起業は、いくつになっても始められます。私は大学を卒業し会社に勤めていましたが、第一子を出産してからすぐに起業をスタートしました。当時27歳でした。「まだ若いからできたんだろう」と思われるかもしれません。

しかしながら、私の周りには、さまざまな年齢・環境の人がいます。私と同じように、小さなお子さんがいる30代の人。少し子育てが落ち着いてきた40代の人。ずっと仕事をしている50代のキャリアウーマン。それぞれ年齢や環境は違っても、その人の強みや得意をいかして、起業することができます。

特に私がおすすめする「おこもり起業」では、通勤時間も短縮でき、家のなかで週に1日や、1日1時間、など自分で時間を決めて仕事をすることができるので、強靭な体力や精神力は必要ありません。

以前お世話になった、着付け師さんのエピソードをご紹介します。長男が七五三のとき、長男ははかま、私は着物を着ることになり、着付けしてくれる美容院へ向かいました。迎えてくれたのは、少し腰のまがったおばあちゃんでした。

手際よく着付けてくださる最中に、60歳で定年退職したあとに、着付けの資格をとったと話してくれました。聞くと80歳をこえているといいます。20年以上着付けをしているのであれば、もうその道のプロといえますよね。それを60歳から始めようと思われたことに、本当にすごいと感動しました。

人生は短い。よく聞く言葉ですが、限りある人生をどのように生きるのかは自分次第です。そのとき私は、いくつになっても「なりたい自分になれる」と希望がわいてきたのを覚えています。

だからもし、年齢を理由に自分の可能性をあきらめているなら、そんなことはないのでは、と思い直してみてほしいのです。**自分の可能性を一番に信じてあげられるのは、他でもないあなた自身だからです。**

そして、なりたい自分が決まったら、どうやって叶えようかと考えたらいいのです。すでに叶えているような、ロールモデルになる人を見つけることもおすすめです。ロールモデルになる人のサービスを受けたり、話を聞きに行ったりすることで、ヒントを得ることができます。

起業サポートを受けた人の感想

私は普段、セルフケアのレッスンをオンラインで提供する仕事をしている人たちのサポートをしているのですが、そのうちの5人から嬉しいご感想をいただいたので、紹介します。こうしたお声が励みになり、私の力になっています。

●そばで伴走してくれている安心感（東京都　小杉りょうこさん）

専業主婦から仕事を始めるにあたり、「家事と育児は今まで通りやる」ということが、私も含め、家族の願いでした。子育てを優先しながらの仕事は難しいと思っていました。近所でのパートもいいのですが、私にしかできない、自分のステップアップも感じられる一生の仕事にできる何かをしたいと思っていました。

仕事は基本オンラインなので、子どものお休みの日でも移動の時間がかからないため、時間を有効活用できています。子どもの体調不良などで目が離せないときにも子どものそばにいることができています。

ゆうさんは、一生この人と一緒にいたいと思わせるような環境作りをしてくれています。それは、「大企業顔負けのビジネスマインドの啓蒙」理念の共有、ビジネスにおける人としての心構え、ビジネスとしての利益の追求、社会人としての常識やビジネスマナーの習得まで多岐にわたります。

よく起業は孤独だと聞きますが、ゆうさんのサポートは、いつもそばで伴走してくれているような安心感があります。とても人思いで関わる人すべてを大切に思ってくれることがいつも伝わってきます。

その器の大きさで人の良いところをそっと持ち上げて、色々なことに挑戦できる環境を作っていただいています。仕事としてはもちろん、ゆうさんと関わることで人として日常に彩りが増えました。

●1年以内に月100万円（東京都　たきさちこさん）

サポートを受ける前は、ヨガインストラクターとして活動していました。目標売上は年100万円です、と答えたところ、「そんなの簡単ですよ！」と言われました。

それまでは夫の扶養内で働ければいいと思っていた価値観が、がらっと変わった瞬間でした。その言葉通り、年100万円どころか起業1年以内に月100万円を達成することができました。

私は住んでいる地域が大好きなので、住民税を納められるようになったことが嬉しいです。子どもたちが安心して暮らせる街作りの役に立てればと思います。
現在は、在宅での仕事がメインとなります。子どもが学校から帰ってきたり、習い事に出掛けるときに一緒にいてあげられることが嬉しいです。

起業すると、良いときも悪いときもあり、悩みも多いです。苦しくなるときもあります。そんなとき、ゆうさんはただアドバイスをするのではなく、私自身がどう考えているのか、どうなりたいのか、どうすべきなのか、答えを自分で導き出すような話し方をしてくださいます。
実年齢はゆうさんが年下ですが、ミーティングではいつも甘えさせてもらっています。気を張って仕事をすることも多いので、ゆうさんオアシスに癒され、勇気をもらい、また頑張ろう！　とパワーをもらえます。

私が仕事をしているのは、好きな自分でいるためです。「好きな仕事をやっている自分が好き」と堂々と言いたい。そしてそんな姿を子どもたち、未来ある若者たちに見てほしい。「大人になるって楽しいよ！」

●会社員を卒業しました（北海道　としえさん）

サポートを受け最初の1年は会社員と両立していましたが、続けるにつれてクライアントに寄り添いたい気持ちが増し、収入の面など不安はありましたが、会社員を辞める決意をしました。

仕事はオンラインということもあって自宅の一室でできるところが魅力です。

現在2年半が過ぎ、会社員のときと比べて年間の収入はまだ下回っていますが、会社員時代と違って自分の時間が取れて、旅行などに好きなときに行ける自由が増えたので、時間と心の余裕ができました。

余裕ができたことで色々なことにチャレンジができたり、クライアントの変化を目の当たりにして仕事へのやりがいも感じられています。40歳目前で自分のやりたいことに出会うことができたので、思い切って起業して良かったと感じています。

この起業をきっかけに、人生そのものが変わったと感じています。すべてが無知の状態からここまでサポートしていただき感謝しています。今後は会社員時代の収入を超えられるよう、さらに飛躍していきたいです。

●フリーランスで成長を感じています（奈良県　かしわなな子さん）

何かやりがいのある仕事を、子育てしながら、そして場所に縛られることなくできて、自分も綺麗になりたい、と思っていたときにウイセルフケアを見つけました。すべてのタイミングが合致していて、運命的なものを感じました。


現在、在宅だけですべての仕事ができています。起業当初に投資した金額を、売上で超えることができました。セルフケアの技術のおかげで、姿勢と顔が変わりました。

私には無縁だと思っていたフリーランスという働き方ができ、色々な挑戦をすることができました。社会人のときもたくさんの学びがあり、成長できたと感じていましたが、フリーランスはまた別の成長を感じており、自分で考え行動し続けることの大切さを学ぶことができました。

●この仕事で良かったと思う瞬間（滋賀県　Ｍ・Ｓさん）

看護師の仕事をしながら、副業の形で起業をしています。基本的に家が好きで、在宅ワークもしたいと思っていたので、家事や育児をしながらも、自分のペースで仕事を調整できるのがありがたいです。

定期的に技術を学べるミーティングがあるため安心して活動できています。自分を信じてくれるクライアントに出会えたこと、切磋琢磨できる仲間に出会えたことが嬉しいです。「あなたから学んで良かった」と言っていただけることは、この仕事を選んで良かったと思える至福の瞬間です。

起業してから約１４０万円の売上をあげました。内面の変化としても、自分に自信がもてたり、もっと自分を好きになれました。家族との人間関係もさらに良好になっています。

コラム3

お客様と出会える奇跡を楽しもう

集客に苦手意識をもつ人も多いかもしれません。私も、集客には苦労したこともあり、今でもわからないことがいっぱいです。ただ、興味をもってもらうためにしたほうがいいことやポイントなどはあるので、それを淡々と行っていくことは大切です。個人だと、莫大な広告費をかけたり、スポンサーをつけることも難しいですから、できることは限られてきます。

それでもお客様が途切れない人、いつも集客に苦労する人、何が違うのでしょうか？　サービスの質を良くすることは、今や当たり前になっていると思います。世の中には、良いサービスがたくさんありますから。差をつけるとすれば、「ニッチ」といわれる、ピンポイントのお悩み改善のサービスだったり、「ブランディング」をして、ファンについてもらったり。

ただそれ以上に、私が大切だと思っているのが、「人」を大切にすることです。人は一人ひとりが、かけがえのない尊い存在。その人がより良い人生を過ごせるように仕事を通してサポートすることが大切だと考えています。

世の中にたくさんあるサービスのなかから、連絡をもらえるなんて、奇跡のようなことです。この奇跡の出会いに感謝して、ご縁を大切に、お客様にご満足いただけるように関わっていくことが大事です。

起業初期の頃、あまり宣伝もできていないレッスンに、毎週通ってくださる生徒様がいました。集客がうまくいかなくて、個人のレッスンではその生徒様だけだった月もあります。

お仕事がお忙しい方だったので、毎回どうしたらリラックスしてもらえるか、どうしたら身体もお顔も整えられるか、試行錯誤しながら一生懸命に関わりました。その結果、とても喜んでくださり、お客様をご紹介いただいたり、たくさんの仕事をくださいました。苦しいときも、こうして喜んでくださる人がいるから、あきらめずに頑張ってこられたと心から感謝しています。

人の心を動かすのは、人の心。お客様のお気持ちを大切に、仕事を楽しみ、また新たなお客様と出会うことを楽しんでいただきたいです。

第4章

持続可能な「おこもり起業」

仕事もプライベートもうまくいく
究極の働き方

おこもり起業で稼ぐ人の朝習慣・夜習慣

おこもり起業というと、少し不健康なイメージがありませんか？　家にこもってじっと動かず、パソコンの画面を見ているような。確かにそんなときもあるのですが、だからこそ、健康に気をつかわなければ、持続的なおこもり仕事はできません。

家にいるのだから、好きな格好で、だらだらしたい、と思うかもしれません。しかし、それでは残念ながら稼ぐことはできないのです。

私が稼げなかった頃、家に引きこもっているので1日パジャマで過ごしたり、メイクもせずに髪もぼさぼさでした。暗い気持ちで、やる気も出ないので、仕事も家事もできず、気がついたら夕方になっていた、なんてこともありました。そんな人からサービスを受けたいと思う人がいるでしょうか？

もし、今あなたがそんな状態だとしても、安心してください。今からお伝えする、毎日の習慣を身につければ、健康的におこもり起業をすることができます。

おこもり起業の朝習慣

身体の観察　４４8呼吸

今自分の心や身体がどんな状態か、観察してみましょう。朝目が覚めて、ふとんやベッドのなかでしてもOKです。このとき、同時に４４８呼吸をしてみましょう。４４８呼吸とは、４秒息を吸って、４秒息をとめて、８秒息を吐く、呼吸法です。

副交感神経が優位になる、リラックスできる呼吸法で、私はストレスを感じたときや、呼吸を整えたいときなどによくしています。驚くことに、朝の便通もよくなりました。副交感神経が優位なときは、腸の動きが活発になるのです。

逆に、交感神経が優位になると腸の活動は停滞するので、旅行に行くと便の出が悪いなんてことがありませんか？　これは、旅行中は自宅とは違った刺激がいっぱいの環境なので、交感神経が優位になりやすいためです。

観察をしながら、ちょっと調子が悪いな、そう思ったら、「今日のごはんは消化にいいものにしよう」とか、「今日は出かけようと思ったけれどやっぱり家でゆっくりしよう」など、1日をどう過ごすかを自分と相談しましょう。

とはいっても、忙しい日々なので、無理のない範囲で大丈夫です。

太陽の光をあびる

朝、太陽の光をあびることでセロトニンが脳内に分泌されます。セロトニンは身体を覚醒させて、活発に活動できる状態にするために欠かせない物質です。幸福感や安心感をもたらし、ゆううつで不安な気持ちをやわらげる効果もあります。

起きたらカーテンをあけて、太陽の光をあびましょう！

歯磨き

寝ている間に、口のなかは雑菌だらけになっています。うがいや歯磨きをして、清潔にしましょう。

コップいっぱいの水か白湯

内臓を目覚めさせて動きを活発にしてくれます。いきなりパンを食べたりせずに、常温の水や白湯を飲みましょう。

朝ごはんを食べる

朝ごはんを食べない、という人もいるかもしれませんが、朝ごはんを食べると午前中から元気に過ごすことができます。朝、お腹がすかないという人は、夜遅くにごはんを食べていたり、寝る前3時間以内にお菓子を食べていないでしょうか？　朝が苦手な人は、たくさんではなくても、バナナやヨーグルト、お味噌汁、スムージーなどから始めてみましょう。

今日のスケジュールの確認

手帳を見て、今日のスケジュールを確認します。他にも、今日はこれをしよう、と決めたことを手帳に書きこんでみてください。1日のやる気がぐんとアップします！

おこもり起業の夜習慣

明日のスケジュールの確認

1日お疲れさま！　の気持ちで今日できたことの振り返りをしたら、明日のスケジュールを確認しましょう。今日できなくて繰り越したり、新たにすべきことがあるかもしれません。スケジュール帳に追加しておきましょう。明日もスムーズに仕事がはかどるイメージをすれば完璧です！

リラックスタイム（とくに何もしない時間）

いつも仕事のことや何か不安なことを考えてしまって、リラックスできない、という人もいます。常に気が張っている状態は疲れてしまいます。ずっと続けるのは難しいですよね。意識的に、リラックスタイムをとるのがおすすめです。

「何もしない時間」を作って、ぼーっとしたり、あっと思いついた好きなことをするのもいいですね。リフレッシュできるように意識してやってみてください。

家族がいる場合は家族との対話

家族と暮らしている場合は、夜は家族が集まりやすい時間です。今日1日の出来事を話したり、会話を楽しみましょう。たとえ仕事がうまくいっても、家族とぜんぜん会話もできていないなんて寂しいですよね。

寝る前の1時間はスマホなど見ない

もし、健康的に過ごしたい、と思うなら、寝る前の1時間は、スマートフォン、テレビ、パソコンなどの画面を見ないでおきましょう。目からの刺激により、睡眠の妨げになります。これを実践した人に、「翌日驚くほど朝すっきりした感覚だった！」と言われたことがあります。

私も毎日できているわけではありませんが、できるときにはそうしています。

朝から快適に仕事ができるモチベーション作り

朝から快適に仕事が始められたら、素敵だと思いませんか？

私の場合、朝は本当に起きるのがしんどくて、前日の疲れが残っている気がして仕事もなかなか始められず、だらだらしながらネットで漫画を読み、気がつけば夕方、ということもありました。

そうすると、自分は何をやっているんだろう、と責めてしまい、暗い気分になってしまっていました。

しかし、調子がいいときに午前中から仕事に集中できると、やるべきことが片付くうえに余裕ができるので、充実した1日を過ごすことができました。充実した1日を過ごすことで、売上もあがっていったのです。

朝が弱い私が工夫したのが、こうすれば集中できる、という「おこもりルーティーン」を決めておくことです。たとえば部屋がちらかっていては、「ああ、片付けなきゃ」とつい考えてしまい、集中力もとぎれます。

朝ごはんを食べた後の15分など、タイミングや時間を決めて、部屋を綺麗にします。たった15分でも、集中すれば仕事で使うデスクまわりくらいは綺麗になります。部屋が綺麗になると心もすっきりし、やる気が出てきますよ。

そして、仕事しながら飲む、お気に入りの飲み物を用意します。上質なコーヒーで作るラテ、ハーブティー、ビタミン系栄養補助ドリンクなど、毎日飲むものなら、健康にもこだわったちょっと良いものを用意すると、気分も上がりますよね。

見ているだけでやる気が出るようなカップに入れて、パソコンの横に置いておきましょう。くれぐれもこぼさないように注意してください。

それでもやる気が出ない、という人は、仕事がはかどりそうな音楽をかけてみましょう。

YouTubeで検索すると、色んなジャンルのBGMがあります。この曲を流すとなぜだか集中できる！　そんな曲があれば、リピート再生しながら集中するのもいいですね。

このように朝のルーティーンを決めておけば、楽しい気持ちでパソコンを開き、仕事を始められます。

朝、何から手をつけていいかわからない、という人は、メールチェックと返信からする、とか、何か毎日することを決めてさっさと作業を始めてしまうのがおすすめです。とにかく手を動かせば、だんだんとはかどってきます。

手帳にやることを書いていると思うので、それを順番にしていきます。できれば優先順位をつけて、午前中にすること、午後にすることを分けて効率よく時間を使いましょう。

7割のエネルギーで仕事をする

おこもり起業では、どれだけの時間どれだけの量の仕事をするか、ある程度自分で決めていきます。それがメリットでもありますが、ときには集中しすぎてストレスになったり慢性疲労などになり、心が疲れてしまうことがあります。

私が以前通っていた精神科の医者から、**「7割くらいの力で仕事してください」**と言われたことがあります。それまで、仕事が楽しいばかりに、ときには体調を悪くしてしまうまで仕事をしていたので、ハッとしました。

どれくらい仕事をしていたかというと、定休日を決めずに、平日も土日も予約をいれて、お昼ごはんを食べるひまもないほどに忙しくしていたのです。その合間に、家事などもしていました。

夜は事務作業が残っているので、子どもが寝てからパソコン作業を夜中の2時ごろまでして就寝。仕事は楽しいと思っていたけれど、家族との時間はほとんどとれず、身も心もすり減らしていたなと感じます。間違いなく、10割以上のエネルギーを使っていました。

しばらくそんな日が続くと、決まって動けなくなる日がやってきました。メールを見るのも、パソコンを見るのも、なんだかこわい。朝目が覚めても、ふとんから動けない。仕事しなきゃ、家事をしなきゃと思うのに、身体が動かない。仕事仲間から、「大丈夫ですか？」と心配のメールがくることもありました。

自分は大丈夫だ、と言い聞かせながら、平気なふりをするのは本当に辛い気持ちでした。

そこでふと思ったのです。倒れるくらいに頑張っていたら、結局また倒れることになる。自分もしんどいし、周りにも迷惑をかけてしまう。だったら、倒れるくらいにやらないほうがいいのかな。今考えてみれば、当たり前のことなんですが、医者に言われるまで気づかなかったのです。大好きな仕事なので、いくらやっても疲れないと思っていました。

もし今の働き方に疑問をもっているのなら、一度考えてみてほしいです。

「自分を大切にする働き方ができているか」と。

自分を大事にする働き方をすることで、稼ぎが減ってしまうなら、しかたないと思いませんか。そのかわり、自分の健康や、大切な人との時間を大切にできる、時間的にゆとりのある生活になるのです。

夜中まで仕事していたのをやめて、０時には就寝しよう。休憩もとらず集中していたのをやめて、ちゃんとお昼ごはんを食べよう。受けきれない仕事は断ろう。天気がいい日には散歩しよう。こんなふうに変化したことで、心と身体が喜んでいる感じがしました。仕事もさらに楽しくなったのです。

７割のエネルギーで仕事をするようになってから、売上は少し下がりました。ですが、実質はほとんど変わらず、年間の売上は１０００万円以上をキープできたのです。これには正直驚いたのですが、精神的にも安定して仕事ができるようになったからだと思います。

ときにはハードワークも大切だと思いますが、なにごともやりすぎ、頑張りすぎは続かないものです。のんびりやろう、とゆったりかまえるくらいで、おこもり起業はちょうどいいのです。

仕事とプライベートのバランスの取り方

仕事はうまくいっているけれど、プライベートはボロボロ。そんな話を聞いたことはありませんか？　起業すると、仕事もプライベートも区別をつけることが難しくなるほど忙しくなる、そんなときがあるかもしれません。

仕事がたくさんあると、それだけ売上もあがるのでありがたいことですが、休みを思うようにとれず、「本当にしたいことができない」「家族や友達との時間がとれない」という状況になったら悲しくないでしょうか。

私は平日も土日も、スケジュールぎゅうぎゅうに仕事をしていたとき、ごはんを作る時間がなくて外食や配達のものを頼んだり、掃除をする時間がとれないので部屋が散らかってしまったりして、ＱＯＬ（生活の質）が下がりました。本当に食べたいものではないものを食べるのは楽しくないですし、健康的にも家族に申し訳ないなという気持ちで、自分は母親失格だと思っていました。

せっかくの土日も、家族で出かけることができず、ストレスがたまっていったのです。

起業は自己実現のためでもありますが、もちろん大切な家族のためでもあるので、毎日を楽しく過ごせないなら、本当に望むやり方ではないなと感じました。

子どもからも、「ママは○○ちゃんとお客さん、どっちが好き？」と聞かれたことがありました。子どもには、仕事を楽しんでいる様子を見せたいと思っていましたが、寂しい思いをさせてしまっていたのでしょう。

これからは、しっかり休んで、自分のやりたいことをしたり、家族と過ごす時間も大切にしたい！　と強く思いました。

今では、子どもの長期休暇に合わせて休みをとり、家族で旅行をしたり、習い事など自分の趣味も楽しめるようになり、毎日がより充実している気がします。

おこもり起業をすると、好きなことなので、つい夜遅くまで仕事をしてしまったり、休みの日も仕事をしてしまったりしがちです。限られた期間ならいいのですが、それがずっと続くとストレスがたまったり、プライベートの人間関係も崩壊してしまいます。

なので、**「おこもりルール」を作ることがおすすめです！**

「おこもりルール」とは、たとえば、

- 週2～3日は必ず休みにする
- 大切なプライベートの用事から先にスケジュールを立てていく

など、自分にとって心地よいバランスで、仕事やプライベートがうまくいくようなルールです。おすすめは週2の休みですが、もっと仕事したいから休みは週1でいいな、いやいやもっと休みがあったほうがいいから週３は休みたい、など、好みで決めていいです。実際にその通りにやってみて、調整するのがおすすめです。

大切なプライベートの用事は、仕事に没頭していると忘れがちですが、先に手帳に書いておくと忘れませんよね。リフレッシュのためにライブに行く、美術館に行く、旅行に行く、など計画を立てておくと、「最近ぜんぜんリフレッシュできてない！」となることもありません。大切な人の誕生日や、記念日なども書いておきましょう。

仕事の日も、１日中ずっと仕事することができる人と、家事や育児や他にもすることがあって１日中は難しい人がいると思います。他にもすることがある人は、学校の時間割のように、すべきことに時間の区切りをつけてみると、メリハリをつけることができます。

たとえば私なら、手帳タイム、レッスン、散歩、おやつタイム、事務作業、ライブ、家事、勉強、お茶、睡眠（睡眠はアバウトになりがちです）など。テレビはだらだらと見てしまうので、普段はほとんど見ていません。ニュースはネットでさっとチェックします。

最近、仕事やプライベートのバランスはどうかな、と振り返ってみることも大切です。満足していないなら、その都度できる工夫をしてみると、案外仕事もプライベートもうまくいきます。

仕事だけでなく、プライベートもうまくいっているほうが、幸せを感じられるのではないでしょうか。

また、ルールの他に、「おこもりタイム」を決めておくといいでしょう。いつ、仕事をするのかということです。

会社員だと、平日の9時から17時まで、のように基本的には働く時間が決まっていますよね。メリハリをつけるために、時間を決めずに働くのではなく、**おこもりタイムを決めておくのがおすすめです。**

こんなことをふまえて、決めてみましょう。

自分の好きな開始時間にする

朝は弱いから、10時からスタートする、など。

終わりの時間も決めておく

つい、まだまだとやりがちですが、18時で終わらせて、その後はしない！　と決めておくと、ずっと仕事している状態をさけることができます。

家族の予定に合わせた時間にする

子どもの保育園の時間、学校の時間など、家族の予定に合わせられたらいいですよね。

家事の時間はあけておく

家事の時間をとっておかないと、家が散らかり放題になって、仕事にも集中できません。メンタルにもいい影響がないので、ためずに家事をしましょう。

こまめに休憩をいれる

1時間集中したら休憩、などと決めて合間にストレッチなどすると、身体も快適に過ごせます。

おやつ時間、お茶の時間をつくる

リフレッシュタイムをとりましょう。「よし、また頑張ろう！」と思えるごほうびタイムです。

健康も重視したい人なら、散歩の時間を取る、ごはんの時間を決める、などして、だらだらと過ごさないようにするといいですよね。

せっかく家にいるのだから、ゆっくり過ごしたいと思う人もいるかもしれません。何もせずに過ごしたい日もスケジュールに組み込んで、仕事をするときは集中したほうが、生活にメリハリがついて楽しく過ごすことができますよ。

私は、身体の調子がよくないときは無理せず、今日は休むことが仕事！　と思って、思いきりだらだらしています。回復も早くなり、また元気に過ごすことができます。

家族の理解が得られないときはどうするか

起業をしたいと家族に伝えると、反対されてしまいます、と相談を受けることがあります。一番近くにいる家族に反対されたら悲しいですし、なんでわかってくれないんだ、と辛い気持ちになってしまいますよね。

家族は、ただ反対しているだけでなく、あなたのことを想って心配してくれていることが多いです。ですから、しっかりとあなたの気持ちや、考えていることを話すことが大切です。

何のためにやるのか、目的を明確に伝えること。たとえば、自分が本当にやりたいということや、それが、自分だけでなく家族のためにもなるというメリットの話をします。

ただやりたいだけではなく、具体的にどういったプランを立てているかも伝えるといいですね。最後は熱意！　本気だということを伝えましょう。

「ちょっと相談があるんだけどいいかな。突然だけど起業をしたいと思っているんだ。昔から夢だったことを仕事にしたいと思って。具体的には、○月からサービスのモニターをＳＮＳで募集して、うまくいったら値上げをしていきたい」

「はじめのうちは厳しいかもしれないけど、1年後には月に30万円くらい売上をあげるようになりたいと思ってる。オンラインでできる仕事だから時間の融通もきくし、子どものお迎えも遅れずに行けるようになる。もっと頑張って、家族旅行にも行きたいよね」

「心配かもしれないけど、どうしてもあきらめられないから、チャレンジしたい！　応援してくれたら嬉しいんだけど、どう思う？」

それでも理解してくれないときには、少しだけ始めてみて、実績を報告してみるのもおすすめです。具体的な実績がわかれば、家族も安心してくれるかもしれません。会社員の人は、副業として始めてみるのもいいですね。

夢を叶えたい、チャレンジしたい、と思ったとき必ずあらわれるのが、ドリームキラーです。「そんなこと、できるわけない」「あなたには、無理だよ」と言ってくる人がいたら要注意。夢を壊してくる人、それがドリームキラーです。

あなたを心から愛している発言ではなく、可能性を信じてくれていない発言です。あなたにはいつからでも、無限の可能性があるのです。

自分がやりたい！　できる！　と思うのであれば、自分の心の声にしたがいましょう。人生は、一度きりなのですから。

そして理解し、応援してくれたら、当たり前ではないことに感謝をあらわしましょう。「いつも、応援してサポートしてくれてありがとう。あなたのおかげだよ」と言葉で伝えたり、お礼の気持ちを込めたプレゼントをおくれば、きっと喜んでくれますし、もっと応援しようと思ってくれますよ。

私は起業したとき、夫に趣味でやっていると言われていましたが、本気でやっていることをしめした結果、「本当にすごいと思う」と素直に認めてくれて、今では経理を担当してくれたり、家事育児を積極的にしてくれるようになりました。夫のおかげで、私は安心して仕事ができています。

最低限の身だしなみで、映える

おこもり起業をすると、オンラインミーティングをすることがあると思います。そんなとき、相手に「おっ、素敵な人だな」「信頼できそう」と思ってもらえると、ビジネスもスムーズにいきますよね。

どんな身なりだと、そう思ってもらえるのでしょうか?

自宅で1人で仕事しているのであれば、誰にも見られないので好きな状態でいてもいいですよね。朝起きて、パジャマのまま仕事していても、誰にも迷惑をかけません。

ですが想像してみてください。オンラインで会う相手が、髪はぼさぼさで、首元がよれたTシャツを着ていたとしたら、「この人やる気がないんだな」と思いませんか？　最低限の身だしなみは、相手への思いやりでもあります。

たとえば意中の人とデートに行く予定があるとしますよね。家を出るまで、身支度にどれだけ時間をかけますか？　1時間、それ以上かけて準備しませんか？

相手に良い印象を与えたいと、きっと一生懸命準備すると思います。オンラインミーティングも、同じです！　相手に良い印象を与えたほうが、結果として仕事がうまくいくのですから、準備したほうがいいですよね。

ただ、心が弱っているときには、身だしなみを整えることもおっくうになります。私も、朝、顔を洗うことも服を着替えることもできない日がありました。そこで、最低限の労力でオンライン映えするように工夫をすることにしたんです。

オンライン映えするためには、実は最低限の準備でいいんです。私の最速記録は、朝起きて5分でオンラインミーティングに出たことです。男子学生みたいですよね。オンラインでは、対面のように、肌の質感や、指先の清潔感など、細かいところはわかりません。むしろ細かく整えても、あまり伝わりません。おおまかに整っていればいいんです。

髪型を整え、メイクをする人は眉毛をかき、アイラインを引き、リップを塗りましょう。リップは少し濃いめがおすすめです。スキンケアができていればいいのですが、時間がない場合、スキンケアはなしでも大丈夫です。

これがどれくらい最低限かというと、メイクをする人の場合、スキンケアをしてから下地、ファンデーション、ハイライト、眉毛、アイシャドウ、アイライン、ビューラー、マスカラ、リップ、チークなどの工程がありますので、少なくとも11から3に絞ることができるのです。労力は3分の1以下になります！

これに気づいたとき、おこもり起業って最高だと感じました。対面で会うと、なんだか物足りないなと思われるので、オンラインミーティングのときの裏技だと心得てください。

オンライン映えするためのその他の工夫ですが、背景もとても重要です。自分の顔の後ろに、洗濯物がうつりこんでいるなど、生活感を感じるものは見えないようにしたほうが好ましいです。

最近では背景画像を使っている人も多いですが、真剣な話をするときには、シンプルでいいのでリアルの背景がおすすめです。背景画像は楽しさや特別感も感じさせますが、「隠している」感じがあり、ビジネスには適さない場合があります。シチュエーションによって、使い分けましょう。

背景に何をうつすかでその人のイメージが出来上がります。自分のサービスのイメージに合わせるといいですね。センスよく見えて、その人の人柄などもわかるとより素敵です。

背景の例

- ライター、ブロガーの場合、本棚など
- カメラマンの場合、写真などを壁に飾る
- 美容系講師の場合、花を飾る

心地よい仕事着「制服化」のすすめ

おこもり起業の場合、仕事のときの服装はどうしたらいいんだろうと思いませんか？会社員であればスーツやオフィスカジュアルなどの服装だと思います。スーツは着ると気持ちが引き締まりますが、きゅうくつに感じて苦手だという人もいると思います。またスーツは同じものを毎日着るわけにはいかないので、何着も必要ですよね。

オフィスカジュアルの場合も、遊びに着ていく服とは別のものが必要なので、たくさん用意しなければなりません。毎日同じ服を着ていると、「あの人また同じ服だ」と思われかねません。

私が会社員のときはオフィスカジュアルだったのですが、プライベートとは別に、お給料の中から会社用の服を買わないといけないのが、少しもったいないなと感じていました。

実はおこもり起業では、仕事着は1、2着でもかまわないんです。しかも、自分が心地よいと思うものでいいのです。たとえばシャツ、ブラウス、ジャケットなど、オンラインでは特に上半身がメインとなるため、下の服はデニムという人もいます。

お気に入りの上質なシャツを着ると、気分もあがります。Tシャツの上からさっと羽織るだけでサマになるジャケットがあれば、すぐにオンラインミーティングに参加できます。

オンラインミーティングは60分〜90分程度ですから、それが終わったらリラックスできる部屋着で過ごします。そうすることで、仕事着が汚れず、汗をかかなければ洗濯も2〜3日に一度でもいいのです。

わざわざ着替えるのが面倒だという人は、どんなシーンでも使えるシンプルなトップスが数枚あれば十分です。

仕事着を少なく、同じカラーや形のもので揃えておいて「制服化」してしまえば、コーディネートを毎朝考える手間もはぶけるし、安定した印象を相手に与えることもできるので、一石二鳥ですよね。

どんな服を仕事着にしようかなと迷ったら、提供するサービスをイメージして、どんな自分に見られたいかを考えてみてください。

頼もしく見られたいならジャケット、爽やかに見られたいなら淡い色のシャツ、華やかに見られたいなら装飾のあるブラウスなど。自分に合った素敵なものにして自信をもちたいと思ったら、パーソナルカラーや骨格診断などを受けてみるのもいいですね。

事前に画面うつりもチェックしておくといいでしょう。実際に見るのと、画面にうつる感じは異なることがあります。思ったより地味だな、なんだかパジャマっぽく見えるかな、そんなふうに感じることもありますので、画面にうつして写真をとって、客観的に見てみましょう。

女性の場合は、アクセサリーをどうするかも考えなければなりません。華やかに見せたい場合は、大ぶりなものでもいいのですが、あまりジャラジャラついているのは爽やかさに欠け、老けて見られるかもしれません。小さなイヤリング（ピアス）とネックレスや、大きなイヤリング（ピアス）であればそれだけ、など、服と合わせて画面にうつしてみて、雰囲気を確かめてみてくださいね。

おこもり起業では、提供するサービスのイメージに合っていれば、自分の好きな心地よい服を仕事着にすることができ、少ない枚数でいいので、コスパがとてもよく、おすすめです。

顔が固まらないための表情筋トレーニング

オンラインで自信をもって相手と話をするために、身だしなみが大切だということをお伝えしてきましたが、**多くの人が忘れがちなことがあります。**

それは、「表情」です！

初めてオンラインで話す相手が、無表情だったり、眉間にシワがよった怖い顔だったらどうですか？「この人と、打ちとけられるかな」「機嫌が悪いのかな」と不安になりますよね。

逆に、素敵な笑顔で自己紹介されたらどうでしょう。「話しやすいな」「この人のこともっと知りたいな」「自信がある人なんだな」と思いませんか？

笑顔の効果は、それだけではありません。脳の働きを活発にしたり、自律神経を安定させたり、免疫細胞の活性化、血糖値の上昇を抑えるなどの効果も言われています。つまり、健康にも大きく貢献してくれるのです。健康になって、ビジネスもうまくいくなら、素敵な笑顔を身につけるしかありませんよね。

素敵な笑顔にどうしたらなれるかというと、ポイントは表情筋をゆるめ動かすことです。表情筋は、顔にある筋肉で、笑ったり話したりするときに使う筋肉です。この表情筋、普段どれくらい使えていると思いますか？

答えは、20〜30パーセントです。この数字を知って、多いと思いますか？　少ないと思いますか？　私は思ったよりも少ない数字に驚きました。だって、残りの70〜80パーセントは、使えていないということですからね。いつも顔がこっているようなイメージです。

緊張から表情が固まってしまう人もいます。人前に出て話をしたり、初めて会う人と話すとき、顔がガチガチになってしまったという経験がある人もいるのではないでしょうか。もっと自然に、自信をもって話せたらいいのに、と望んだことはありませんか？

表情筋をしっかり使えるようになるトレーニングをすると、顔がやわらかく自然に動くようになり、緊張するシチュエーションでも笑顔で話せるようになります。また、血行が良くなったり、たるみ予防の効果もあるので、毎日実践してみてくださいね。

表情筋トレーニング

- すべて、ゆったりとした呼吸をしながら行いましょう。
- 鏡を見ながら行いましょう。
- 筋肉を意識して、ゆっくりと顔を動かしましょう。
- 毎日実践して、効果を実感してください。

毎日3分！　表情筋トレーニング

＼側頭筋をゆるめる／

ヘッドマッサージ
1日2〜3回

たるみ改善　血流促進

耳の上に親指以外の4指の腹をあてて上下に軽く動かします。

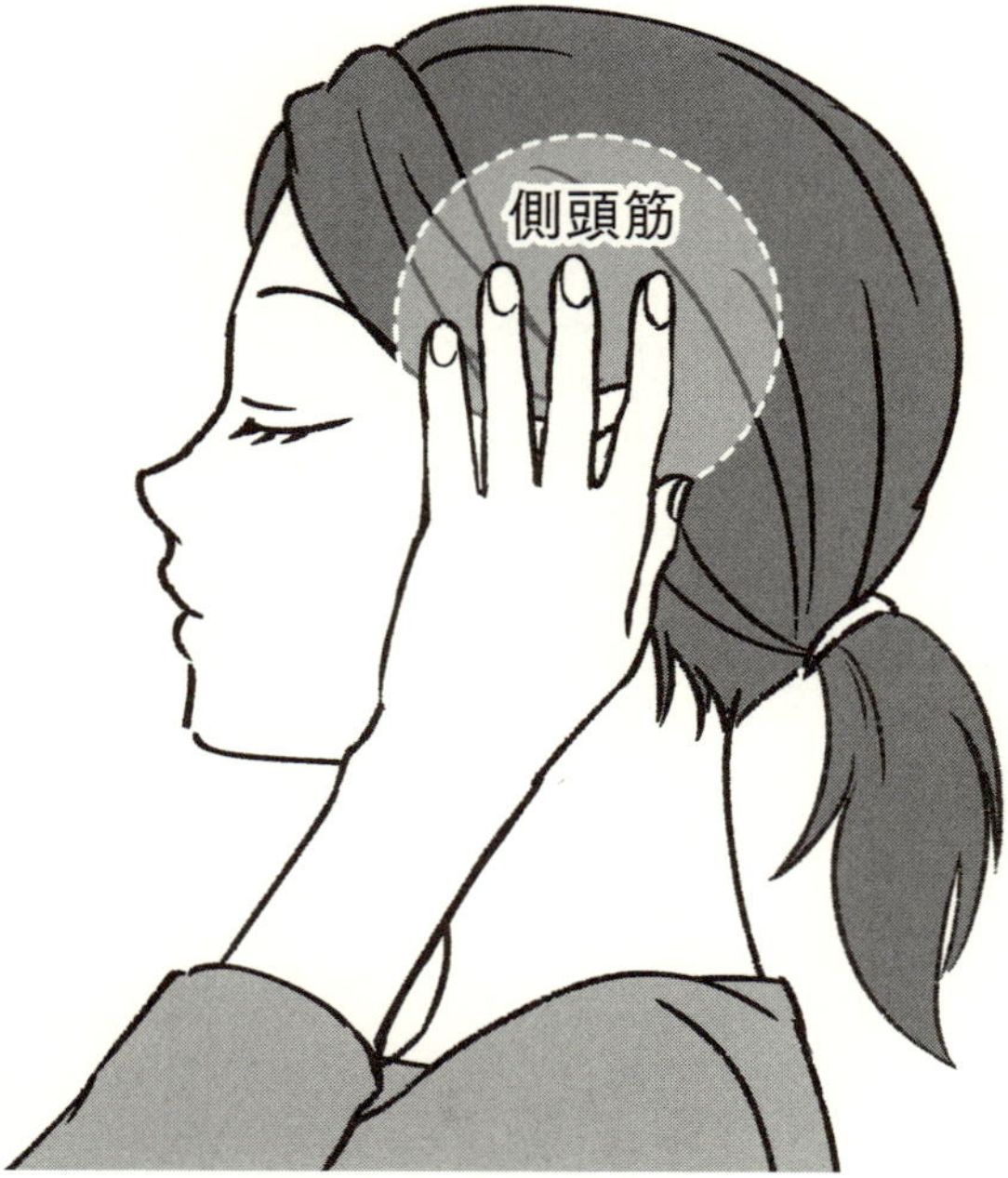

＼口輪筋を鍛える／

口まわりのトレーニング

1日3〜5回

若返る　小顔

口を「うー」と前につき出します。唇の端がめくれるようにしながら口のまわりに力をいれて10秒キープします。

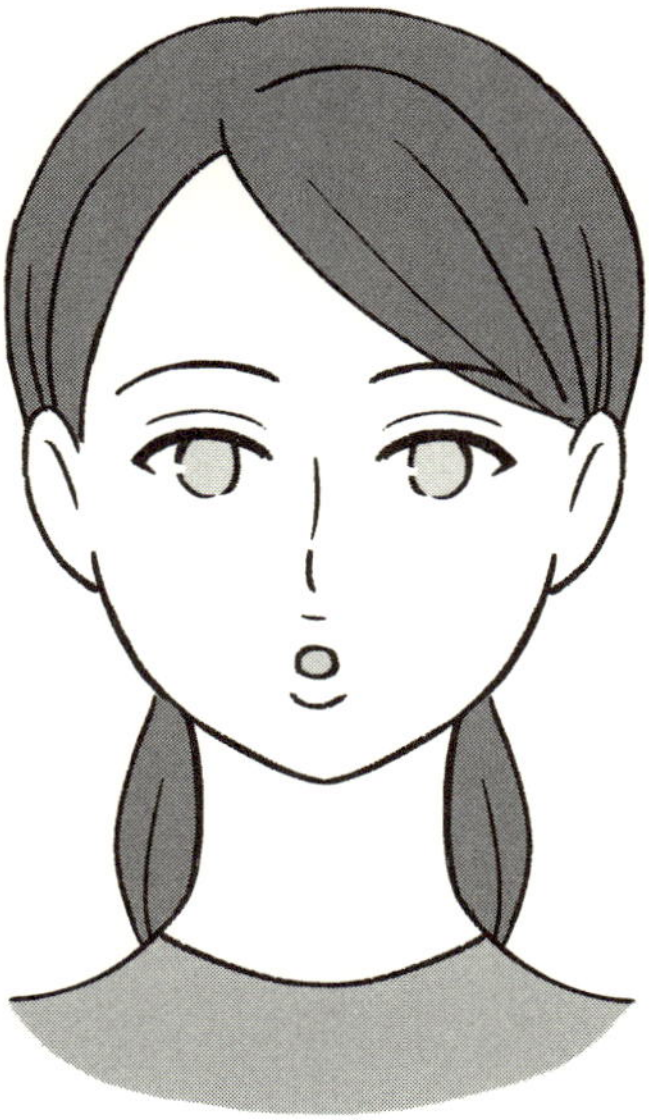

＼大頬骨筋を鍛える／

頬のトレーニング

1日3〜5回

ほうれい線改善　笑顔力UP

頬を斜め45度に引き上げ、10秒キープします。

心と身体が軽くなる「おこもりストレッチ」

心と身体はつながっています。身体が元気で痛みがない状態だと、気持ちも明るく、やる気がわいてきますよね。逆に、肩や腰が痛い、身体が重い状態だと、動きたくないという気持ちになってしまうと思います。

おこもり起業にはたくさんのメリットがありますが、デメリットをあげるとすれば、運動不足になり、身体がかちこちになってしまうことです。おこもりワークで首肩がこり、身体が疲れていると、心もこり固まります。

しかし、何もやる気がおきない、という精神状態のときでも、簡単にできる運動をすることで、心が元気になってくる効果があります。軽い運動でも、ストレスを解消させるためのホルモンが分泌されるのです。

私のおすすめは散歩なのですが、家から出たくない！　そんな日のために、自宅やどこでもできるストレッチをご紹介します（１６２ページ〜１６３ページのイラスト参照）

本当に効果を感じる首肩ストレッチ

首や肩まわりの血流が良くなり、首肩こりに効果的。

背中ストレッチ

かたい背中を和らげ、腰痛予防改善に効果的。

ねじりストレッチ

身体を回旋させることで、背中やお腹まわりの筋肉をほぐし、自律神経が整いやすくなる。ウエストまわりのシェイプアップ。

いつでも気分良く過ごしながら仕事をするために、これらの「おこもりストレッチ」をしてみてくださいね。

本当に
効果を感じる
首肩ストレッチ

イスに座り、頭頂を天井方向に引き上げてから、このように頭を動かします。

1 うつむいて2、3回呼吸

2 頭を右(左)に傾けて2、3回呼吸

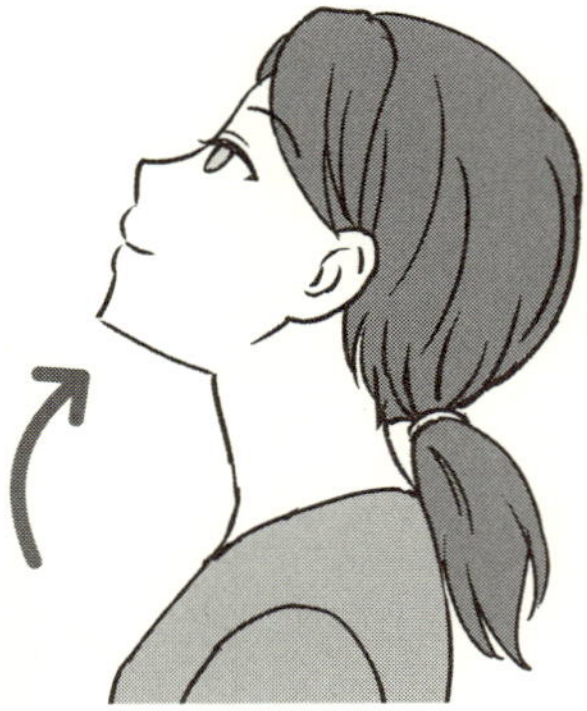

3 上を向いて2、3回呼吸

4 頭を右(左)に傾けて2、3回呼吸

背中ストレッチ

イスに座り、息を吐きながら背中をまるめ、おへそを見ます。息を吸いながら、天井を見ます。これを5〜10回繰り返しましょう。

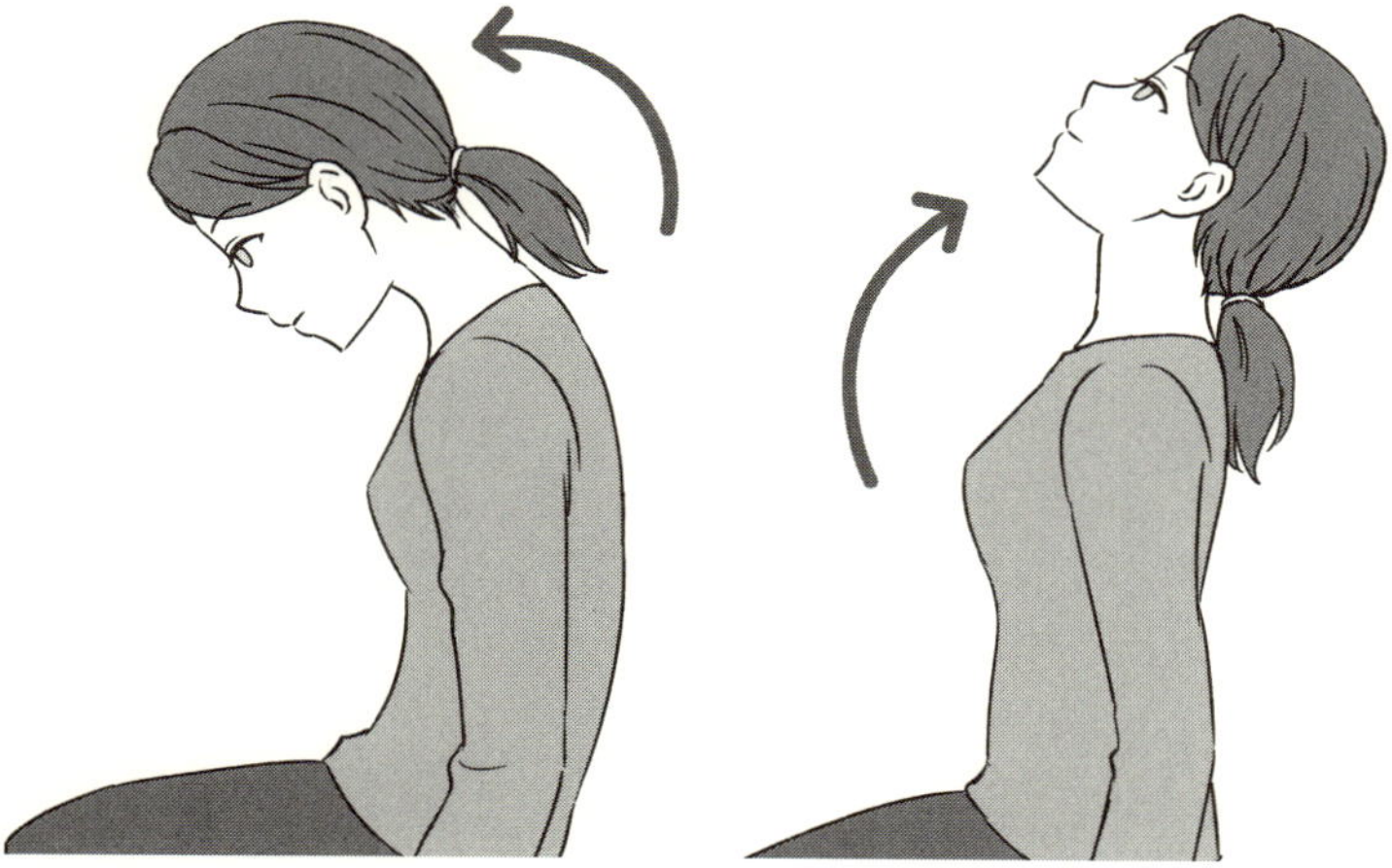

ねじりストレッチ

イスに座り、頭頂を天井方向に引き上げてから、おへそ・胸・肩の順に右側へ身体をねじります。反対も同様に行います。

「おこもりストレッチ」をするタイミングは、いつでも大丈夫です。
たとえば、パソコン作業が続いて疲れたなと感じたときや、なんだかやる気が出ないなというときなど。リフレッシュになりますよ。

おこもり派もたまには外に飛び出す

家にこもったり、好きなカフェやホテルにいながら、お金を稼ぎたいと思っているあなたにも、ぜひしてほしいことがあります。それは、「外に出ること」です。矛盾しているようですが、たまには外に出ることも大切です。

おこもり起業をすると、移動しなくても仕事ができてしまうため、用事がなければ外に出なくてもすみます。洗濯物を干すのにベランダに出るくらいです。

私の場合、気づくと3日間ほど一歩も家から出ていない、ということもよくあるので、運動不足になりがちです。疲れないので、なかなか夜眠れずに夜更かししてしまうこともあり、不健康な習慣ができてしまいます。

心身ともに健康に、おこもり起業ライフを送りたい場合は、意識的に外に出る用事を作りましょう。たとえば、近くに公園があれば、徒歩で行って帰ってくるだけでもいい運動です。私は散歩が好きなのですが、何か目的があるほうが散歩ははかどるので、公園にリフレッシュしに行くとか、夕飯に足りない食材を買いに行くとか、目的を決めて歩いています。

また、ときにはおしゃれをして、街に繰り出すと、新しい刺激を得ることができます。お店の看板や素敵な内装を見ると、デザインの勉強になったり、並んだ商品などを見ると今の流行やニーズが把握できたりします。街ゆく人々を観察しながら、どんな人が自分のサービスを求めているのだろうと思いをめぐらせることもできますね。

それに、ときどきはよそゆきの装いをしておかないと、いざというときに何を着ていいかわからない、となりかねません。

外に出るのがおっくうだな、と思うこともあるかもしれません。外に出たくなるかどうかは、心身ともに元気のバロメーターにもなります。

私がうつ状態だったときは、パジャマから着替えることもできず、顔を洗ったり髪を整えることも難しくて、外に出るなんて本当に無理だと思っていました。それでも外に出ないといけないときには、マスクをして帽子をかぶって、誰とも目を合わせないようにしていました。

外に出るときは、完璧な状態でないといけないという思い込みは捨ててしまいましょう。身だしなみを整える元気がないときは、デニムにスニーカー、帽子にマスクで出かけてしまえばいいのです。誰も、他人のことはあまり気にしていません。

私は今では、カフェで仕事をするときもメイクをせず、メガネやアクセサリーでごまかしていたりします。そうすると、外に出るハードルが下がり、気持ちも楽になるのです。

元気におこもり起業を続けるために、たまには外に出ることを覚えておいてくださいね。気分転換になって、仕事もはかどりますよ。

コラム4

自分を大切にする習慣

あなたは、自分のことがどれくらい大切ですか？　「大好きな人は誰ですか？」と聞かれて、「わたしです」と答える人は、どれくらいいるでしょうか。

そうです。世界で一番大切な存在は、誰しも自分自身だと思います。

しかし、「親です」「パートナーです」「子どもです」「お客さんです」そう答える人もいるでしょう。それは悪いことではありません。ただ、世の中には頑張り屋さんが多いので、自分以外の誰かを優先したり、自分のことをないがしろにしてしまう人もいると思うのです。

「何が食べたい？」と聞かれて、「なんでもいいよ」と答える人は、危険信号。それを続けてしまうと、自分の「したい」がわからなくなったり、本当はこうしたいと思っていても、言えなくなってしまうのです。

私が色々な悩みもあるなか、とにかく周りの期待に応えよう！　と平日も土日もずっと仕事をしていたとき、ある人から「ちゃんと休んでる？　したいことしてるの？」と言われました。

そのとき、私は「休んでいないけれど、充実しています」と答えたのです。確かに、そう思っていました。お客さんは喜んでいるし、右肩上がりに稼げている。今、休むわけにはいかないんだと。

ただその当時、メールを開くのがこわくなったり、夜眠れなくなったりと、躁鬱《そううつ》の症状が出てきていたんです。

そこで、改めて自分は本当は何がしたいんだっけ？　と考えてみたとき、美しいものや景色を見に行きたい、カフェでゆっくりしたい、という気持ちが出てきました。

そういえば、家族にも寂しい思いをさせているし、夫にも負担をかけてしまっている。私が目指しているのは、これじゃなかったんだと気づきました。

そこで、週に1日か2日は仕事をしない日を決めて、あらかじめスケジュール帳に斜線を引いて、予定をいれないようにしました。そして、その日に思いついた場所へ行ったり、したいことをするようにしてゆっくり過ごすことにしてみると、日々が充実するのを感じたのです。

自分の心の声を大切にして、自分を大切にする習慣づくりをすることは、日々を幸せに過ごすことにつながります。「本当はどうしたい?」と、あなたの心に問いかけてみてくださいね。

第5章

「おこもり」のモチベーションアップ

それでもさらに
メンタルが弱ったときの乗り越え方

何の気力もわかないときの対処法

おこもり起業をすると、つい運動不足や不摂生になってしまい、気分が落ちこみやすくなるときがあります。人間ですから、メンタルが弱くなるときだってありますよね。**何の気力もわかないときは、まずは好きなだけ寝ることが大切です。**「寝ることが悪」と思ってはいけません。むしろ寝ることが重要な仕事だと思いましょう。

睡眠は、脳を休めて記憶の整理、体内の修復・疲労回復、体内ホルモンの分泌、自律神経を整えてストレスからの回復・耐性の向上など、さまざまな役割を果たしています。

夜中0時までには就寝して、6時から8時に起きる、という健康的な習慣が一番良いのですが、なかなか寝つけない、という人もいますよね。もしかしたら内臓が弱っていたり、慢性的な疲労がたまっている可能性もあります。

食事を見直して腸内環境を整えたり、寝る前に簡単なストレッチをすると質の良い睡眠に効果的です。

脂っこいものや、インスタント食品ばかり食べることはありませんか？ 食事はメンタルにも影響するので、とても大切です。面倒なときは、ごはんを炊いて、味噌汁を作るだけでもいいので、自炊がおすすめです。

できれば「まごわやさしい」を意識して、旬の食材をとりいれるようにするといいですね。「まごわやさしい」とは、7種類の食材をまんべんなく取り入れることで、健康的な食生活が送れると言われており、「ま」＝豆、「ご」＝ごま、「わ」＝わかめ、「や」＝野菜、「さ」＝魚、「し」＝しいたけ、「い」＝いも、の略です。

旬の野菜は栄養価が高く、ビタミンやミネラル、ポリフェノールなど、抗酸化作用を持つ栄養成分が豊富に含まれています。それらを食べることで、栄養が体の汚れやサビを防ぐ抗酸化作用として働きます。夜は、寝る時間の3時間前には食べ終わるようにしましょう。胃の負担を軽くし、良質な睡眠がとりやすくなります。

私はメンタルクリニックで、躁鬱性感情障害という診断をされたのですが、これは、ハイテンションで活動的な時期と、やる気が起きず動けないうつ状態の時期を繰り返す病気です。

ハイテンションなときは、いくら仕事をしても疲れないし、どんどん新しいアイディアもわいてきて元気なのですが、うつ状態のひどいときは朝ふとんから起き上がることができず、そのまま夕方になってしまうこともありました。だらだら寝ていると、夜になっても眠たくないので、夜更かししてしまい、また朝起きられない日をくり返すという悪循環でした。

それでも、寝てもいい状況なら、無理して動かなくてもいいと思います。眠れないときは本を読んだりして、眠たくなったら寝る。朝起きたら、太陽の光をあびる。少しずつ、健康的な習慣に戻していけばいいのです。

忙しくて、睡眠時間をけずっている、という人は、ぜひ睡眠を優先してみてください。睡眠時間をけずっていると脳の疲れがとれず、作業効率もわるくなります。ときには睡眠をけずってでも仕事しなければならないときもあるかもしれませんが、長い目で見れば、睡眠は優先するほうが健康的に過ごせます。

起きているときには、好きな映画を見たり、美味しいものを食べるなど、プチ現実逃避をすることもおすすめです。ほかにも、好きな音楽を聴いたり、ゲームや漫画を楽しんだり、自然に触れたり散歩をしたり、自分に合ったリフレッシュ方法を見つけてストレスをうまく発散させましょう。

弱っているときのモチベーションアップ法

メンタルが弱っているときは、自己肯定感が下がりやすくなります。自己肯定感とは、ありのままの自分を肯定する感覚のことで、**他者と比較することなく、今の自分を認めることができ、自己肯定感が高くなると、物事を前にすすめる活力がわいてきます。**

自己肯定感が低いと、「私なんて」「どうせうまくいかない」「私にはできない」とネガティブな気持ちになってしまい、人間関係や仕事にも影響がでてきます。

私の場合、うつ状態のときには何もやる気が起きないので、朝起きてもパジャマのまま。鏡にうつる自分はどんよりとした冴えない顔で、ため息をついていました。自信がもてないので、何をするのもおっくうなのです。このままではだめだ、そう思っても、どうしていいかわからないので、ただ時間だけが過ぎていき、「今日も何もできなかった。自分はなんてだめな人間なんだ」と思うわけです。

もし会社で働いていたら、いやでも朝9時には仕事を始めて、会議に出ないと、ということがあると思いますが、おこもり起業をしていると、すべて自分でスケジュールを立てるので、モチベーションが下がっているとなかなか仕事ができない、となりかねません。

そこで、メンタルが弱っているなと感じたときには、次の方法で地に落ちた自己肯定感とモチベーションを上げていきましょう。

①心身が疲労していないか、ストレスになっているものは何かを振り返る。
②心身が疲労しているのであれば、ゆっくり寝たりお風呂に入ったりリフレッシュする。
③ストレスになっているもので、取り除けるものは取り除く。
④ストレスになっているもので、取り除けないものはポジティブ変換をする。
⑤（番外編）現実逃避する。

これらの方法をためしてみると、かなり気持ちもすっきりして、明るい気持ちになれるはずです。メンタルが弱ったときに、無理やり「自分は大丈夫」「もっとできるはず！」と、頑張ってはいけません。

絶対にしてはいけないのは、メンタルが弱い自分は本当にだめな人間だ、と自分を否定することです。人間だから、そんなときがあっても当たり前だし、いいんです。ゆったりした気持ちでかまえましょう。

有名人が言ってましたよね、「生きてるだけでまるもうけ」。本当にそう思います。生きているだけで、素晴らしい！　生きているだけで、すごいことなんです。

ポジティブ変換とは、一見ネガティブに思えることを、ポジティブにとらえることです。

たとえば、次のようなことです。

「気分がのらない仕事がある」↓「この仕事を終えたら好きな漫画を読もう」
「あの人とはどうも気が合わない」↓「関わることで人間的に成長できるな」
「忙しすぎる」↓「大人気のアイドルみたいに人気者だ」
「お金がない、どうしよう」↓「稼ぐ方法を探せばいい」

普段から、ネガティブなことをポジティブにとらえる練習をしていると、いつも気分よく過ごすことができます。無理やりポジティブになろう、ということではなく、物事のとらえかた次第で、気持ちや行動が変わるのです。

メンタルが弱っているときでも、はずせない仕事があるときや、気分に左右されずに安

定的に仕事がしたいときは、姿勢と見た目を整えましょう。まずメンタルが弱っているときの姿勢は、肩がまるまって顔が下を向いています。呼吸は浅くなり、気分が落ち込む姿勢なのです。

反対に、胸をはって顔をあげる姿勢は、呼吸が深くなり、明るい気持ちになったり、自信があふれてくる姿勢なのです。このように、姿勢に気をつけるだけでいいので簡単ですよね。

さらに腰に両手をあてて、スーパーヒーローのようなポーズをしてみましょう。なんだか何でもできる気がしてきませんか？　朝起きたら、1分間、太陽の光をあびながらヒーローポーズをしてみてください。とっても楽しい気分になりますよ。

よく形から入る、といいますが、見た目を整えることも、モチベーションアップの方法のひとつです。鏡にうつった自分が、なんだかいけてない状態だと、もっとネガティブな気持ちになりませんか？　やる気がなくても、お気に入りの服を着て、髪型を整えると、「よし、今日も頑張ろう！」という気持ちになるのではないでしょうか。

また、仕事に前向きに集中できるよう、楽しみなルーティーンを決めておくこともおすすめです。たとえば、こだわりのコーヒーでカフェラテを作り、飲みながら仕事をする、気持ちが明るくなる音楽をかけながら仕事をするなどして、モチベーションを上げていきましょう。

私がメンタルどん底から復活した話

私が躁鬱性感情障害によって、メンタルも身体の調子もどん底だった頃、とにかく生きているのが辛い気持ちでした。家族もいる。子どもも可愛い。それなのに、自分が何の意味もない人間に思えてしまい、自分のことを好きと思えなかったのです。

食べたい物がわからなくなったり、したいこと、行きたいところもなく、とにかく横になって眠りたい。そしてずっと寝てばかりいる自分をまた責めて、泣いてしまう。そんな生活でした。

そんななかでも、できるときには家事をしたり、仕事をしたりしていましたが、ちょっとしたストレスが耐え難く、また休むという繰り返しだったのです。子どもにも心配されますし、夫もサポートはしてくれましたが、なぜ私がこうなっているのかわからないので、ときどきケンカにもなってしまい、家のなかの空気もどんどん悪くなっていきました。

はじめのうちは、もっと頑張れば大丈夫、疲れているだけだと自分に言い聞かせていましたが、しばらくそんな状態が続き、ときどき「もういなくなりたい」と感じるようになりました。

そのとき、今自分は普通の状態ではない、何かがおかしいんだと思い、病院の受診を決意。メンタルクリニックなんて行ったこともないし、心の病気なんて弱い人がなるもの、自分がそうなるなんて情けない、そう思って躊躇していたので、とても勇気がいりました。

ドキドキしながら予約をしてクリニックに行ってみると、美容クリニックのような綺麗な院内で、先生も優しくとてもリラックスできました。自分の状態を話して、夜あまり眠れないことも伝えると、薬を処方してくれました。薬を飲み続けることにも抵抗がありましたが、実際に飲んでしばらくすると、よく眠れたり、症状が落ち着くように。
また、病院に行って病名を診断されたことで、逆にほっとしたことを覚えています。もっと頑張らなきゃと思っていたけれど、ある意味病気のせいだったんだ、と気持ちが軽くなったのです。

もし今、なんだか気分が落ち込む、夜眠れない、感情の起伏が激しい、自分なんていなくなってもいい、そんな気持ちで悩んでいる人がいたら、「頑張らないで」と伝えたいです。あなたのせいじゃない。誰でも、人間関係や環境の変化、ストレス、ちょっとしたきっかけで、症状が現れることがあるのです。

自分が弱いせいだなんて思わずに、まずはクリニックに足を運んでみてください。先生との相性も大事なので、自分に合うところを探してくださいね。

クリニックに行ったことで、家族の理解も得られ、そこから自分でも色々と調べて、無理のないように生活するようにしました。夜は早く寝たり、散歩を習慣にして、人付き合いなどおっくうなことは夫に任せる。そうすると、少しずつ元気になってきて、以前とあまり変わらない生活ができるようになってきました。

今でも気をつけていることは、「無理をしすぎないこと」です。できるだけリラックスして生活し、睡眠や運動、食事といった基本的なことを大事にして楽しむこと。そうすると、家事や仕事の効率も上がるようになりました。無理をして頑張っていたころよりも、毎日が楽しくなったのです。今は日々幸せですし、病気は私にとって良いきっかけになったと感じています。

本人が普段の生活に気をつける以外に大切なのが、周囲の理解です。障害があるというだけで差別の目でみたり、うとんじたりするのはやめましょう。

人は誰しもさまざまなことを抱えていて、障害もひとつの個性です。今では多くの著名人も、自分の障害について話している時代です。障害があっても、普通に生活ができますし、仕事だってできます。

だからもし、あなたやあなたの大切な人が「なんだかおかしいな」と思ったら、適切な治療をして、うまく付き合ってみてくださいね。

自己肯定感MAX！　信じるチカラの育て方

自己肯定感を高めると、おこもり起業もうまくいきやすいです。

どうしてかというと、自己肯定感が高い人は、ありのままの自分に満足しているため、劣っている部分や苦手なことがあったとしても、「自分はだめな人間だ」と落ちこみにくいからです。

また、新しいことや困難なことに対しても、失敗をおそれずにチャレンジし、たとえ失敗したとしても、そこから学んで次にいかしていく強さがあり、結果として成功しやすくなります。

おこもり起業では1人でもくもくと仕事をする状況が多いので、前向きな気持ちでないと、落ちこんでしまい、仕事が手につかなくなる可能性があります。

つまり、おこもり起業を成功させるためには、自己肯定感が高い状態にすることが大切だと言えます。メンタルが弱って、自己肯定感が低くなったときの対処法についてはお伝えしましたが、ここでは高めていく方法についてお伝えします。

まず、不安に思っていることや自信がないことなど、今の状況を紙や手帳に書き出してみることがおすすめです。頭のなかで考えていても、もやもやするばかりで、どんどん気持ちが落ちこんでしまいます。

書いてみると、客観的にその悩みを見ることができますね。たとえば、「稼げる自信がない」「自分には得意なことがない」など。

もしあなたが家族に、おこもり起業を始めたいんだけど、得意なこともないし、稼げる自信もないんだよね、と相談を受けたら、どんなアドバイスをしますか？

辛口に言ってしまえば、「じゃあやめたら？」と返しそうですが、あなたにもできるよ！と自信をもってもらいたい場合は、「大丈夫だよ！　みんな、はじめから稼げるわけじゃないし、少しずつやっていけばいいんじゃない？　それに、あなたはパソコンに詳しいから、きっと向いているよ。うまくいくように計画を立ててみたら？」というふうに、声をかけるのではないでしょうか。

それを、自分に対して思ってあげるのです。私の周りも頑張り屋さんが多く、「まだまだこんなんじゃだめ！」と自分を責めていたりするのですが、できていることや、少し前に比べて成長していることもたくさんあるはずです。

客観的にとらえられたら、じゃあこうしてみよう、とアイディアも浮かんできやすいので、日頃から頭のなかを整理しながら自己肯定感も高めていきましょう。

私は起業したはいいものの、ぜんぜん稼げない時期が続いて何度もくじけそうになったとき、なぜやめなかったのかを考えると、「自信」があったからです。

自分を信じると書いて「自信」なのですが、私はいつからでも、何でもできると信じることだと考えています。

時間がないとか、お金がないとか、いろんな言い訳をして自分を信じてあげないのは、もったいないと思います。

注意しなければならないのは、少しでも「無理かもしれない」と思ったら、もうその方向に思考も行動もかたむいてしまうことです。**「自分はやりとげることができる」と、一ミリも迷いなく、自分を信じることが大切です。**

とはいえ、自信ってどうつけたらいいのか、と悩むこともありますよね。

そんなときには、自分を信じてくれる人や応援してくれる人と話したり、日々小さな目標を立てて行動したり、ちょっとしたことでも人の役に立つことをして「ありがとう」と言ってもらうと、それらがきっかけとなって、少しずつ自信がつきます。

いきなり、自信満々になれるわけではありませんが、小さな積み重ねが大きな自信を生みます。焦ることはありません。

何か達成したいことがあれば、達成するまでの道のりにいくつもの小さなゴールを定めて、1つずつクリアしていくようにすることで、「私ならできる！」と思えるようになります。

こうして、自己肯定感を育み高めていくことで、おこもり起業は成功しやすくなります。

言葉には人生を変える力がある

心にひびいた言葉や、一生忘れられない言葉はありますか？　強いメンタルを作っていくためには、自分への言葉かけも重要です。「お豆腐メンタル」「ガラスのハート」と言われるようなメンタルが弱いことを自覚している場合でも、メンタルは鍛えていくことができるんです。

小さなステップをクリアしていき自信をつけていくことも良いですが、アファメーションといって、**「言葉」だけで心が強くなると実感できる方法があります。**

アファメーション（ポジティブな自己暗示）の方法を紹介します。

①「なりたい自分」をイメージして、言い聞かせる。
②自分の長所、自分の自信があるところを繰り返し言い聞かせる。
③名言であったり、好きな歌詞などを言い聞かせる。
④「自分が言われて印象に残ったポジティブな言葉」を繰り返し言い聞かせる。

なりたい自分が、家でもしっかり仕事ができて、会社員以上に稼げている状態だったとしたら、「家にいながら○○万円稼いでいる！」と声をかけるのです。周りに人がいたら、何をひとりごとを言っているんだ？　と心配されるかもしれませんので、1人のときに実践してみてくださいね。

おこもり起業なら、自分1人の環境であることも多いと思うので、好きなときに好きなだけ、声に出しても恥ずかしくありません。

私は元気がないとき、元気が出るような歌詞の音楽をひたすら流して、大きな声で歌ったりしながら、仕事をしていることがあります。おこもり起業だからこそ、できることですよね。

歌詞がすっと心に入ってきて「よし、また頑張ろう！」と思えたり、前向きな気持ちになれたりして本当に助けられました。仕事もはかどるので、おすすめです。

今までに人からかけてもらった言葉、あるいは本などで知った言葉で、人生の後押しとなったものはありますか？　私が起業するかどうか悩んでいた時期に、すでに起業をしていた友人から「やりたいと言いながら、まだ何もしていないだけ」と言われ、ハッとしたことがあります。

その通りだとショックを受けました。なんで悩んでいたかというと、やりたい気持ちはあるけれど、自分にできるだろうか、本当にこれでいいのかな、と不安な思いもあったからです。

うまくいくかどうか、やってみなければわからないことはあります。けれどチャレンジしていないのに、くよくよ悩んでいても仕方ない。そう思って、前向きに行動するようになりました。あえて厳しいことを言って背中を押してくれた友人に、とても感謝しています。

それからは、「まずやってみよう」という言葉を大切にするようになり、いろんなことにチャレンジできるようになり、もちろん失敗することもあるのですが、さまざまな体験をすることができています。

起業当初にヨガの指導をしてくれた恩師には、「やるからには1番になりなさい」と言われました。

昔から勝ち負けにこだわりがなく、1番をとりたいと思ったこともなかったので、聞いたときはピンとこなかったのですが、仕事をするうえではプロとして、1番になるという気持ちでやらなければ、お客様にも失礼だなと思うようになりました。愛ある言葉で応援してくれた恩師に心から感謝しています。

自分がこんなことをしてみよう！　チャレンジしたい！　と思っていたら、ネガティブな言葉をかけられることもあるかもしれませんが、キーワードとなるような言葉にも出会うと思います。

そんな言葉に出会ったら、手帳やノートに書いて残しておきましょう。そして、毎日自分に言い聞かせてみてください。

緊張する仕事のときは見た目を整える

おこもり起業は基本的にリラックスした環境で、リラックスできる服装で、好きな時間にするので、なかなか緊張することはないのですが、大きな仕事の打ち合わせだったり、初めての人と話をしたり、大人数の前で話すときなどはやっぱり緊張しますよね。緊張していると、その時間が始まるのがすごく嫌に感じたり、いつもの力を発揮できなかったりして、落ちこんでしまうことはありませんか?

そんなときでも、「大丈夫！」と思える方法を4つ、お伝えします。

①448呼吸法（4秒吸って4秒とめて、8秒吐く）によって自律神経のバランスが整い、リラックスした状態になりやすいです（127ページ参照）。

②姿勢を整え、堂々とかまえましょう。胸をはって顔を上げると、自信があるように見えますし、自分はできる！　という気持ちになります。

③表情筋トレーニングで、顔が固まらないようにする（155ページ参照）。顔が無表情だと無愛想な印象になりますし、笑顔がひきつっていると「自信がないのかな」という印象を与えます。明るく柔らかい笑顔だと、自信や誠実さを感じさせます。

④見た目が9割！　自信がもてる服装、メイク、ヘアスタイルにする。見た目を整えておくと、自信をもつことができます。オンラインの画面にうつった自分が素敵だと、堂々と話をすることができますし、相手に良い印象を与えることもできます。きちんと装うこ

とは、相手を大切に思っているというマナーでもあるので、間違っても首元のよれたTシャツで参加しないようにしましょう。

見た目を整えておくというのは、なかでもとても重要で、相手に与える印象のほとんどが見た目で左右されてしまいます。

たとえばこれはハイブランドに長く勤める人に聞いた話ですが、ブランドの商品を多く身につけている人には積極的に接客するそうです。

逆に、ちょっとヨレヨレの格好でお店に行ったら、店員が塩対応だったという話も聞いたことがあります。これはブランドのお店の例ですが、このように装いによって、人からの印象が変わってしまうのです。

私が思う「この人からサービスを受けたい」「この人と仕事をしたい」と思われる人は、サービスの内容にもよりますが、清潔感があって、高級品などではなくてもその人に似合っている素敵な服を着ていて、笑顔が明るく誠実そうな人です。

実際に、表情筋トレーニングのスクールを受講してくださり、服装やオンライン背景のアドバイスをした人から、以前よりも高額の商品が売れるようになったと報告をいただいたことがあります。

では、苦手な人と話をするときはどうでしょう。心がぎゅっと、緊張してしまいますよね。苦手だというエネルギーは、メッセージやオンラインの画面越しでも、ほんの少しの表情や言葉から伝わってしまうものです。

そもそもフリーランスであれば、苦手な人は避けてしまうことも可能ですが、どうしても付き合わなくてはならないときがあったら、とことん相手の立場にたってみましょう。相手の目線で考えてみるのです。すると、苦手と感じていた言動が少し理解できたり共感できることもあるかもしれません。

相手もあなたが歩み寄ってくれたことに対して、嬉しい感情をいだき、その後スムーズに仕事ができることもあるでしょう。

それでも苦手な人の場合は、「笑顔の仮面」で冷静に対応する、必要以上にコンタクトをとらない、に限ります。ただし、必要なコンタクトは迅速にとりましょう。後にまわすとずっと気がかりですから。

私は苦手な人ほど、素早く返信をするようにしています。これは私と直接メッセージをやりとりしている人に伝えたいのですが、私から素早い返信が来たからといって、自分は苦手な人なんだと思わないでくださいね！　仕事の返信は、できるだけ早くすることを心がけています。

お伝えした４つの方法を使うと、そもそも「苦手」と感じる人がいなくなります。どんな人にでも対応できるスキルが身につくのです。あとは、どんなときも誠実に対応すること。これでたいがいの仕事はうまくいきますよ。

コラム5

部屋を綺麗にすると運気アップ

メンタルが落ちているときは、部屋も乱れやすくなります。なぜなら、部屋を綺麗にしようとする気持ちが起きず、片付けするのも面倒になるからです。元気がないときは、それでもいいと思います。無理に動くのもしんどいですから。部屋が片付いていなくたって、生きていられます。

私も死に物狂いで仕事していた頃、精神状態が安定しなかったとき、とりこんだ洗濯物は山積みになり、たたんでしまうこともないまま、服の山のなかから今日着る服をとって着たりしていました。それでも、仕事はできていたし、生活できていました。だけど本当は、綺麗な空間にいたい、花を飾ったりしたい、と思っていたので、ホテルに泊まりに行ったり、綺麗なカフェに行ったりして、精神状態を保っていた気がします。ごちゃごちゃした部屋のなかにいると、気持ちもすっきりしなくて、いらいらしたり、夫とよくケンカしたりしていました。

お金持ちの部屋は、すっきりと片付いていて綺麗だと言います。少しでも、部屋を綺麗にしてみよう、と思い、まずはテーブルの上を片付けることにしました。急にすべての場所を片付けようとしても、疲れてしまうので、1つの場所だけに集中して、綺麗にするのです。

やってみると、テーブルの上が綺麗になり、すっきりとしました。そうしたら、花を飾ってみようと思い、一輪挿しに花をいけてみたのです。

この綺麗なテーブルを、綺麗に使いたいという気持ちになり、毎日片付けるようになりました。そうすると、毎日の食事もとても楽しくなり、家族に笑顔が増えました。食卓は、家族が食事をしたり、話をしたりする大切な場所。綺麗にしておくことで、家族仲も円満になります。

まずどこを片付けようかと迷ったら、テーブルはおすすめです。

それから、玄関とトイレ。ここだけは、どんなに部屋が散らかっていても、掃除をしていました。玄関は家のなかに「気」が入る重要な場所。トイレは、水回りで金運を左右するといいます。

家のすべての場所ではなくても、ポイントをおさえて綺麗にすることで、運気もアップし、メンタルも安定しやすくなります。今日からできることがあれば、ぜひやってみてくださいね。

おわりに　今からでもあなたの未来は変えられる

この本を読んでくださり、ありがとうございます。体力に自信がなくても、精神的に強くなくても、何か制限があっても、「おこもり起業」は始められる。それが伝わっていれば嬉しく思います。

やってみたいけど、失敗したらどうしよう。うまくいかなくて、家族に迷惑をかけたらどうしよう、と躊躇してしまう人もいるかもしれません。こわいですよね。

だけど、やってみなければわからないこともあります。こわい気持ちよりも、やってみたい、チャレンジしたい気持ちや、「人生を変えたい」と思う気持ちが強ければ、始めてみることをおすすめしたいです。

起業というと、すべてを捨ててやろうとか、背水の陣でやれ、と言われることがあると思います。それは確かに一理あるのですが、もっと肩の力を抜いて行動してみてもいいのではないでしょうか。

だめなら、そのときまた考えたらいい。失敗は、かっこわるいことでもなんでもないんです。チャレンジした証拠で、かっこいいことではないでしょうか?

成功者は、成功するまでやり続ける、そう決めているからやり遂げているのだと思います。そのなかで、たくさんの経験や失敗を繰り返していることでしょう。

私もオンラインでレッスンをしてみようと思い始めた当初、うまく伝わらずに生徒様の結果を出せず、とても残念な思いをさせてしまったことがありました。

一度はあきらめたのですが、オンラインでも伝わるようなやり方を考え、トライアンドエラーを繰り返し、今ではオンラインでもしっかり結果の出るレッスンを開発でき、多くの人に喜ばれています。

もし、一度の失敗であきらめて、「自分には無理」だと思って行動しなかったら、今はありません。それは私の精神が強かったからではなく、あきらめなかったから、それだけなのです。

自分ができることで、「喜ばれる」サービスを提供する。それが仕事になるという、とってもシンプルな考え方で、おこもり起業はきっと成功します。

この本を繰り返し読んでいただきながら、自分には何ができるのか、どんなプランで進めていくのか、ぜひ考えて実行してもらいたいと思います。

行動すれば、未来が変わります。今日1日の行動が、明日のあなたのためになるのです。無理をしすぎることなく、今を楽しみながら、チャレンジしてみてください。

最後に、本書を企画するにあたり、お世話になったプロデューサーのモーリーさん。愛をもって編集を担当してくださった青春出版社の樋口さん。インタビューをさせていただいた方々、執筆の時間を作ってくれた夫に息子たち。そして私を産んでくれた両親のおかげで、本書はできました。応援してくれた方々にも心から感謝いたします。

誰かの希望の光になりたい。起業してからずっと掲げている目標です。本書を手にとってくださったあなたの、希望や行動のきっかけになっていたら幸いです。

そうそう、あなたが「おこもり起業」を始めて、もし壁にあたってしまったら、またこの本を読んでみてください。きっと背中を押してくれるはずですよ。ずっと応援していま す。愛を込めて。

２０２５年2月　はまもと ゆう

著者紹介

はまもとゆう 1988年、広島県生まれ。福岡県在住。ui株式会社代表取締役。2児の母。幼少期からの容姿の自信のなさを克服するため、表情筋のセルフケアを追究。2015年より自宅サロンでパーソナルレッスンを開催するも、売上が3万円以下の月を経験。夫の転勤で引っ越した東京では、保育園と家の往復の毎日で、うつ状態の半年間を過ごす。その後、オンラインレッスンを開始し「SNSの投稿だけは毎日続ける」と決め、全国にクライアントをもつにいたる。現在は、セルフケアのオンラインサロンと「おこもり起業」を広める活動をしている。本書は、これまで培ってきたノウハウをまとめた一冊である。
インスタグラム：@yuhamamoto

会社《かいしゃ》に行《い》けなくなった私《わたし》が一人《ひとり》で1000万円《まんえん》稼《かせ》げた
おこもり起業《きぎょう》

2025年3月10日　第1刷

著　　者　はまもとゆう
発 行 者　小澤源太郎

責任編集　株式会社 プライム涌光
電話　編集部　03(3203)2850

発 行 所　株式会社 青春出版社
東京都新宿区若松町12番1号 〒162-0056
振替番号　00190-7-98602
電話　営業部　03(3207)1916

印刷　三松堂　　製本　フォーネット社

万一、落丁、乱丁がありました節は、お取りかえします。
ISBN978-4-413-23395-8 C0034
© Yu Hamamoto 2025 Printed in Japan

本書の内容の一部あるいは全部を無断で複写(コピー)することは著作権法上認められている場合を除き、禁じられています。

たるみ改善！
「肌弾力」を手に入れる本
40代から差がつく！美容成分「エラスチン」を守る生活習慣
中澤日香里　中島由美［監修］

中学受験なしで難関大に合格する
「新しい学力」の育て方
ヒロユキ先生

ずるいくらいいいことが起こる
「悪口ノート」の魔法
石川清美

図説　ここが知りたかった！
日本の仏教とお経
廣澤隆之［監修］

ニッチで稼ぐコンサルの教科書
40代から始める一生モノの仕事
林田佳代

青春出版社の四六判シリーズ

うちの夫を「神夫」に変える方法
「私さえ我慢すれば」はもう卒業！幸せ妻の習慣
河村陽子

金魚の雪ちゃん
君がいた奇跡の10か月
「えみこのおうち」管理人えみこ

60分で決着をつける
FX最強のシナリオ〈設計図〉
稼ぎ続ける人が「トレードの前」に決めていること
TAKA

「仕事力」を一瞬で全開にする
10秒「速読脳トレ」
呉　真由美

ホンネがわかる
妻ことば超訳辞典
高草木陽光

中学受験は親が9割【令和最新版】
西村則康

仕事がうまくいく人は「人と会う前」に何を考えているのか
結果につながる心理スキル
濱田恭子

真面目なままで少しだけゆるく生きてみることにした
Ryota

お母さんには言えない子どもの「本当は欲しい」がわかる本
山下エミリ

図説 ここが知りたかった！
山の神々と修験道
鎌田東二［監修］

青春出版社の四六判シリーズ

実家の片づけ 親とモメない「話し方」
渡部亜矢

〈中学受験〉親子で勝ちとる最高の合格
中曽根陽子

トヨタで学んだハイブリッド仕事術
ムダの徹底排除《スマートインプット》×成果の最大化《ベストアウトプット》を同時に実現する33のテクニック
森 琢也

売れる「値上げ」
選ばれる商品は値上げと同時に何をしているのか
深井賢一

PANS《パンス》/PANDAS《パンダス》の正体
こだわりが強すぎる子どもたち
本間良子 本間龍介

誰も教えてくれなかった！
成就の法則
自分次第で、人生ガラリと変わる
リズ山﨑

図説 ここが知りたかった！
歎異抄
加藤智見

誰もが知っている
億万長者15人のまさかの決断
藤井孝一［監修］

THE RULES SPECIAL
愛され続ける習慣
エレン・ファイン シェリー・シュナイダー キャシ天野［訳］

仕事は「数式」で考える
分解して整理する、頭のいい人の思考法
ジャスティン森

青春出版社の四六判シリーズ

最高のパートナーに愛される〝準備〟
自分を整えるだけで、幸せがやってくる！
和泉ひとみ

「何を残すか」で決まるおひとりさまの片づけ
捨てることより大切な、人生後半の整理法
広沢かつみ

「ひとりメーカー」の教科書
モノづくりで自由に稼ぐ4つのステップ
マツイシンジ

一度始めたらどんどん貯まる
夫婦貯金 年150万円の法則
磯山裕樹

日本史を生き抜いた長寿の偉人
武光 誠

お願い ページわりの関係からここでは一部の既刊本しか掲載してありません。
折り込みの出版案内もご参考にご覧ください。